果てしない
大空と大地で
目が覚めたら
悩みがぜんぶ
吹っ飛んだ！

ヒヌマフウフ
HINUMAFUUUF

北海道の大自然が教えてくれた ふたりのキャンプライフ

Hokkaido no daishizen ga oshietekureta futari no camp life

KADOKAWA

はじめに

この本をお手に取っていただきありがとうございます。

私たちは北海道を中心にキャンプライフを楽しむ、どこにでもいる平凡な夫婦です。

みなさんは、北海道をどんな場所だと思いますか？

多くの方は、「とっても魅力的な場所」と答えてくれます。でも私たちはほんの数年前まで、地元であるにもかかわらず、この土地の魅力にまったく気付いていなかったんです。自分の心に余裕がなかったり、日々の生活に追われていたりすると、こんなに豊かな土地で生活できていることにすら気付けなかったり、素晴らしいはずの景色が、当たり前になってしまったりする。この本は、そんな狭い視野でしか生きていなかった自分たちがキャンプという最高の趣味に出合えたことで、大地からもらえる大きなエネルギーや、夫婦にとっての本当の幸せに気付くまでのストーリーを綴った一冊です。

ヒヌマフウフ
ヒヌマフウフ

世界の有名サンセットに引けを取らない超絶の夕陽
初山別村みさき台公園キャンプ場

札幌市内から30分程で直火と森林浴を堪能できる
ワンダーランドサッポロ

北海道最大級の温泉街にある
財田（たからだ）キャンプ場

深雪キャンプの醍醐味が味わえる札幌市定山渓自然の村

大丘陵地帯を一望できる
星に手のとどく丘キャンプ場

無音と世界最高峰の雪質
ニセコサヒナキャンプ場

札幌からのアクセスもいい　ちとせ美笛キャンプ場

星空とウォーターフロントが楽しめる
とままえ夕陽ケ丘オートキャンプ場

CONTENTS

Chapter 1
「ヒヌマフウフ」ができるまで

Chapter 2
キラッキラを夢見た憧れの海外生活

Chapter 3

コロナ禍でキャンプしたら楽しすぎた

Chapter 4

世界遺産級の北海道12選
絶景&感動キャンプ場

Chapter 5

私たちには理由がある
2人にとってのスタメンギア

Chapter 6

逆転の発想
ヒヌマフウフ的外メシレシピ

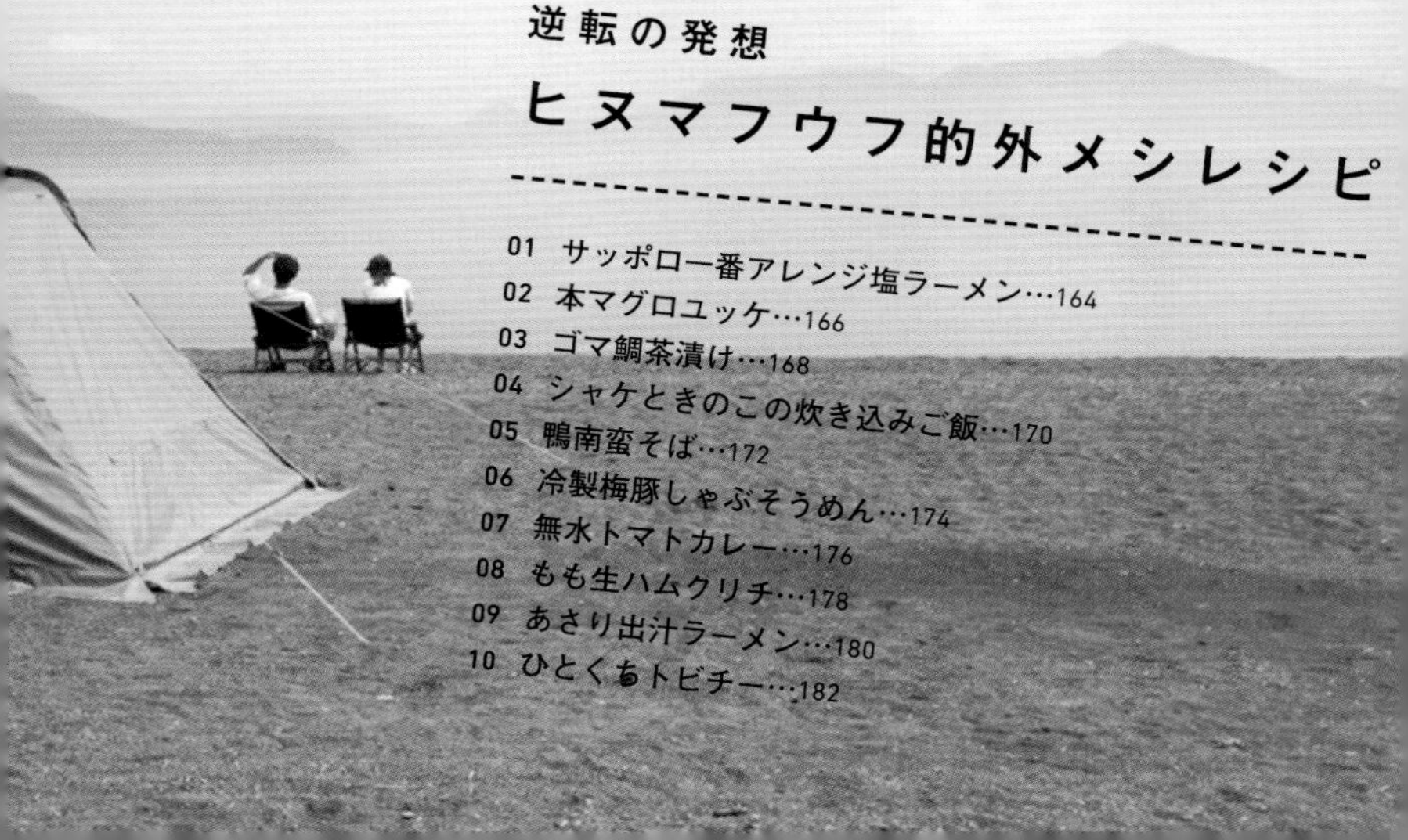

Chapter 7

“視聴者さん”は 先輩であり友だちであり

Chapter 8

失敗・トラブル・想定外…。「じゃあ、どうしよっか？」

@ちとせ美笛キャップ場

市販の生ラーメンでも貝出汁で爆上げ
ハマグリ出汁ラーメン

貝出汁スープ
じゃこ明太ご飯大葉添え

本マグロユッケ
卵黄、ごま油、白ごま、海苔に
かいわれ大根とレモンが決め手

冬のほったらかし定番
おでん

暑い日でも香辛料が食欲そそってさっぱり食べられる
無水トマトカレー

Biography

ヒヌマフウフ年表

西暦	1988	1990	1998	2000	2003	2007	2009	2011	2013	2014	2015
KENTARO	0歳	2歳	10歳	12歳	15歳	19歳	21歳	23歳	25歳	26歳	27歳
KEITO		0歳	8歳	10歳	13歳	17歳	19歳	21歳	23歳	24歳	25歳

KENTARO

- 0歳（1988）札幌市で生まれる 以降、札幌ですくすく育つ
- 10歳（1998）サッカーに目覚めてのめりこむ
- 12歳（2000）中学時代にサッカー北海道（札幌）選抜選手に選ばれる

- 15歳（2003）高校入学後、周囲の期待と自分の実力との開きに苦しむ。悩み悩んでサッカー部を退部
- 19歳（2007）医療系大学入学
- 23歳（2011）大学卒業後、病院勤務

- 26歳（2014）燃え上がる2人は止められない 8月に付き合って9月には同棲
- 27歳（2015）海外渡航を本気で考えはじめる／英語もできないのに、セレブっぽい生活を夢見る

KEITO

- 0歳（1990）里帰り出産で那覇市に生まれる 出生後すぐに札幌市へ
- 8歳（1998）今では誰も信じてくれないが、人見知りで恥ずかしがり屋な幼少期を過ごす。父親との死別後、ぬいぐるみと仲良しに。1人2役の原体験はここから

- 19歳（2009）医療系大学に入学 はじめてけんと出会う サッカー部の部員とマネージャーの関係
- 23歳（2013）大学卒業後、けんと同じ病院に勤める 新人と指導員の関係となり、急速に距離が縮まる

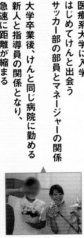

	2016	2017	2018	2020	2021	2022	2023	2024
	28歳	29歳	30歳	32歳	33歳	34歳	35歳	36歳
	26歳	27歳	28歳	30歳	31歳	32歳	33歳	34歳

婚姻、挙式、退職、渡航と怒涛の半年の幕開け

私たちに不可能はない！　という無敵モードでフィリピン上陸。別部屋宿舎で英語の武者修行

ストイックすぎて友だちできない

憧れのオーストラリア上陸
シドニーでワーホリ仕事を探す

トラブル続きの豪州生活を感じさせないインスタグラムを開設

仕事も安定し2人の関係も好転しだす
楽しくなってきたワーホリ生活だったが、
あっという間に帰国を迎える

資格があるのでなんとかなった
2人して保健師として
医療職に復帰（別職場）

コロナ禍に突入

YouTubeチャンネル「ヒヌマフウフ」開設
海外留学系の配信するも伸び悩む

最初のキャンプ動画配信。
下手っぴすぎて応援メッセージ多数。
この1本で過去動画の総PV数を抜いてしまった！

テント購入動画で
徐々に盛り上がる

北海道各地の
多数のイベントに続き、
念願の本州イベント遠征

家に帰ろうかどうか迷ってたんだよね
家に帰ろうかどうか迷ってたんだよね

寒くて死にかけた動画が
バズる

初出版

祝　登録者数10万人突破
銀の盾獲得！

雪の中で入るドラム缶風呂が最高すぎる
ワンダーランドサッポロ

企画構成　ジジ
装丁・デザイン　菊池祐（ライラック）
撮影　日沼健太朗
イラスト　MIMOE
DTP　ループスプロダクション、佐藤修
校正　東京出版サービスセンター
編集　ジジ、大谷隆之、田村真義（KADOKAWA）

※本書に記載の情報は、2024年4月時点でのものとなります。
詳細は各所各社の公式情報をご確認ください。

Chapter 1

「ヒヌマフウフ」ができるまで

「どうすればお２人みたいに夫婦で楽しくすごせますか？」

視聴者さんから、よくいただく質問です。とてもありがたく、ちょっぴり気恥ずかしいのですが、私たち２人も、ときにはケンカもしますし、うまくいかない時期もありました。紆余曲折を乗り越え、夫婦のあり方をいろいろ模索しながら、今に至っています。

01

最初は親しくなかったんですよ

はじめて出会ったのは２００９年、大学に入りたての頃です。札幌にある医療系の大学で、私はサッカー部のマネージャー志望。けんは２つ上の先輩でした。

最初はそこまで親しくなかったんですよ。飲み会で乾杯して、ちょっとおしゃべりするくらい。１年ほどでその部活から離れてしまってからは、ほとんど会う機会もありませんでした。

距離が近づいたのはその４年後。私が大学を卒業し、看護師として働きはじめてからですね。就職した総合病院に、たまたま彼が勤めていました。配属された部署は、緊急度が高い患者さんを受け入れる**ＩＣＵ（集中治療室）**の病棟です。学生の部活動と違って「生きるか死ぬか」の現場なので、職場のコミュニケーションも濃密でした。

ＩＣＵ（集中治療室）

英語ではIntensive Care Unitと呼び、「生命の危機に瀕した重症患者を、～略～先進医療技術を駆使して集中的に治療する」病院内の施設（出典：日本集中治療医学会）

数年ぶりに再会したけんは、以前よりずっと頼もしく見えました。どんな職種でもそうでしょうが、新人にとって2年の経験差はやっぱり大きい。学生時代には知らなかった一面を目にして「かっこいい先輩だな」と、ごく自然に信頼感が高まっていった気がします。ただ、本当に心を開いて話せるようになるには実は少し時間がかかりました。

あ、やっぱり素敵な子だなって。同僚としてけいとと接するようになって、改めてそう感じたのを覚えています。

学生の頃から遠目には、きれいな人だと思っていました。でも実際に話してみると、むしろ外見とのギャップに惹きつけられた。とにかくにぎやかで、ずっとおしゃべりしている印象なんですね。気さくで話しやすいし、話題も豊富なので、新人時代から患者さんにも人気がありました。その頃抱いた明るいイメージは、10年以上たった今も変わっていません。

親しく話すようになったのは、配属の半年後くらいですかね。僕がたまたま、けいとの指導係になったのがきっかけです。最初はグループで飲みに行き、そこで意気投合して。そのうち個人的にも仕事の悩みを聞くようになりました。職場での彼女は周囲にとけこみ、先輩や同期ともうまくやっていた。少なくとも僕の目にはそう映りました。でも実は毎日、大きな不安とストレスを抱えて通勤していることも、少しずつわかってきました。

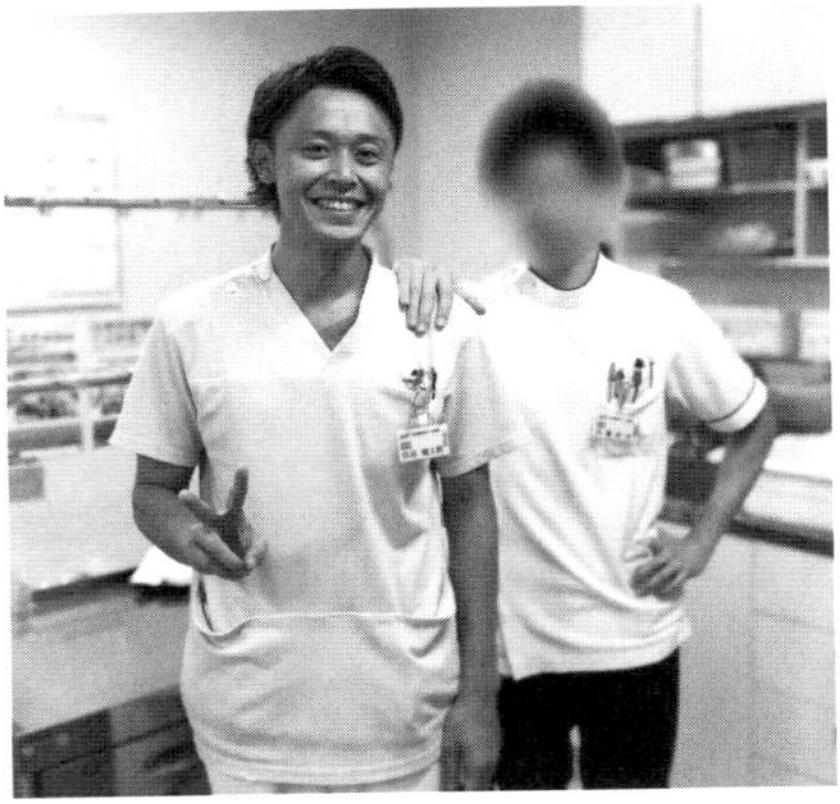

ＩＣＵというのは総合病院の中でもかなり特殊な職場なんですね。運び込まれてくるのは基本、急性期の患者さんばかり。わずかな判断ミスが命とりになりかねません。それもあってか先輩後輩の関係も厳しかった。人命にかかわる仕事ですから当然ですが、職場にはつねにピリついた空気が漂っていました。

私の味方がいた！

　3年半の看護師時代は、とにかく、いつも緊張していましたね。自分が処置を誤れば、患者さんの死に繋がりかねない。いざ入ってみるとそのプレッシャーがとんでもなく大きかったですし、ミスをするとすぐに戦力外扱いされてしまう雰囲気も辛かった。もちろん根本的な原因は自分の未熟さです。だけど若手はみんな、次は自分がそうなるんじゃないかとビクビクしていました。実際、精神的に追い込まれてしまった同僚もいます。

　仕事そのものは決して嫌いじゃなかったんです。社会に不可欠な職業ですし、やりがいも充実感もあった。でも当時は自分のキャパシティーを超えかかっていたんだと思います。職場では周囲を和ませようと明るく振る舞っていましたが、家では次第に塞ぎ込むことも増えました。生まれつきおしゃべりな性格なので、母親にはすごく心配をかけてしまいました。

　指導係のけんにも最初はストレートに悩みを打ち明けられませんでした。職場の先輩に自分の弱い部分を見せるのが怖かった。ですが何回か飲みに行くうちに、あるとき彼から本音を打ち明けてくれました。「ぶっちゃけ、うちの職場ってしんどいよね」みたいな感じで。彼は彼で、かなりギリギリのメンタルで働いていたんですね。

この人は味方なんだ、何でもしゃべって大丈夫なんだと思えたときは、すごく嬉しかったですね。そこから急速に親しくなって。再会した翌年の夏に、お付き合いがはじまりました。

一緒に暮らしはじめたのは、その1か月後くらいです。けいとと付き合うようになって、僕の方も毎日の生活で気を抜くことができる時間を持つことができるようになりました。

彼女の目には経験豊富に見えたかもしれないけれど、3年目の看護師なんて、まだまだひよっ子です。ミスをして怒られるのはしょっちゅうでしたし、実際に職場で辛い立場に置かれていた時期もありました。彼女の指導係に就きつつも、内心つねにヒヤヒヤしながら働いていたんです。

そのストレスを隠さず共有できたのは、やっぱり大きかった。もちろん仕事の重圧自体は変わりません。でも同じプレッシャーを抱えてた人がそばにいれば、悩みをお互い吐き出せる。ときにはそれをネタに笑うこともできます。僕にとっては、それを適えてくれるパートナーがまさに、けいとだったわけです。

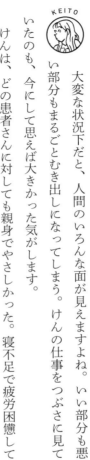

02

ハードな職場で見えた人間性

大変な状況下だと、人間のいろんな面が見えますよね。いい部分も悪い部分もまるごとむき出しになってしまう。けんの仕事をつぶさに見ていたのも、今にして思えば大きかった気がします。

けんは、どの患者さんに対しても親身でやさしかった。寝不足で疲労困憊している夜勤明けでも、そこは変わりませんでした。看護業界はまだまだ女性中心の職場だと思います。着替えのお手伝いや各種のケアなど、女性の患者さんの中には男性の看護師を嫌がる方も少なくありません。でも彼は気配りが細やかで、女の人から指名されることが多かった。職場の女性スタッフにも違和感なく馴染んでいるように見えました。これって実は、かなりレアなことなんですよ。

やさしいだけじゃなく、努力家なところにも惹かれました。看護師って、実はなってからが大変な仕事なんです。研究の成果は日々アップデートされますし、医療機器もどんどん新しくなる。最新モデルが導入されれば、オペレーションも覚えなければいけません。だから私も含めて多くの人は、幅広い業務をソツなくこなそうとします。でも彼は、その上でさらに自分のこだわりを追求するタイプ。例えば**「呼吸療法認定士」**というちょっとマニアックな資格を取得するために、わざわざ東京まで試験を受けに行ったり、看護のスキルを高めるためにプラスアルファの勉強を重ねていました。

YouTubeを見てくださっている読者の方は「なるほど」と思われるかもしれません。私の突拍子もない思いつきも、けんはいつも笑って受け入れてくれます。探究心は強いけれど、相手の失敗を責めたりはしない。この人と一緒なら大丈夫という安心感は、付き合った当初からありました。

けいとが素敵なのは、心の真ん中がいつもポジティブなところ。本人はよく「看護師時代はプレッシャーに押しつぶされそうだった」と話しています。でもそれは根が真面目で、仕事と真剣に向き合っていたからだと思うんですね。

呼吸療法認定士

患者の高齢化にともない、重症者にとって呼吸療法の重要性が高まっている。呼吸理学療法・吸入療法・人工呼吸など、呼吸療法に関する深い知識や技術が近年求められている例えば緊張感が漂うICU病棟なのに、彼女はよく患者さんの髪を洗ってあげていました。日々のルーティンをいかに効率的にこなして、別のことをする時間を捻出するかを自分のテーマにしていた。それって看護師にとってはノルマじゃないんですよ。医療や救護の観点から見ると、決して優先順位は高くない。でも「髪を洗う」というケアがあるかないかで、患者さんの**QOL（クオリティ・オブ・ライフ）**はまったく違ってきます。

看護の仕事は本当に細々としたケアの積み重ねで、簡単に数値化できるものじゃないんですね。逆に言うとちょっとしたコミュニケーションの端々に、その人の性格や仕事ぶりが出る。患者さんとの接し方もそうです。業務が忙しいときでも彼女は、ガーゼを替えたり車椅子を押したりしながら他愛ないおしゃべりを交わして、患者さんを笑顔にしていました。今のヒヌマフウフの発信活動にも繋がる話ですが、自分の行動で誰かが喜んでくれるのが根っから好きなんだろうなと、そばで見ていて思います。

しかも彼女は、自分の人生の可能性も低く見積もりません。現状を受け入れがちな僕とは違って、もっと楽しい生き方はないかと、いつも本気で探しています。

QOL（クオリティ オブ ライフ）

Quality of Lifeの略。「生活の質」と訳されることが多い。身体や心の苦痛を軽減させたり、生きがいや日常の満足度を指すときに使われるその前向きさに、僕はずっと救われてきました。安定した仕事を辞めて、夫婦で海外留学に飛び出すなんて、1人じゃ考えもしなかったと思う。一緒に暮らすようになって、僕自身も少しずつ変わっていったんでしょうね。

03

結婚もしたい！ 留学もしたい！

いつか海外に出たいという夢は、看護師になるずっと前から持っていました。これは母親の影響が大きいと思います。結婚して私を産む前、母は国際線の**ＣＡ（キャビンアテンダント）**として働いていたんですね。仕事柄、本当にいろんな国を訪れたことがあって、楽しかった思い出を幼い私にたくさん話してくれました。

子どもの頃、テレビに海外の風景が映るたびに「お母さん、この国には行ったことある？」と聞いていました。答えはいつも「うん、あるよ」。少なくとも、私の記憶ではそうなんですね。日本にはない素晴らしい景色、美味しい食べもの、現地の人たちとの交流——。彼女が語ってくれた海外のエピソードが、とにかくうらやましかった。自分も大人になったら、絶対に世界一周したい。お母さんに負けないくらい、いろんな国に行って、素敵な風景をいっぱい見よう。留学して

ＣＡ（キャビンアテンダント）

Cabin Attendantの略で、昔のスチュワーデス。男性も増えてきたことから呼び名が変わる。女性のなりたい職業でつねに最上位を占め、1983年のドラマ『スチュワーデス物語』も大ヒット

英語も話せるようになって、できれば海外生活も経験してみたい。そんな憧れを、ずっと抱いていたんです。

けんと同棲をはじめて、しばらく眠っていたその気持ちを思い出すことが増えてきました。付き合ってすぐ結婚を意識したことも大きかった気がします。自分は絶対この人と生きていきたい。すぐにでも夫婦になりたいと思うようになりました。実際、一緒に暮らしだした直後から、結婚式に向けた貯金も2人ではじめています。でも家庭を作って子どもができたら、やっぱり留学とか難しいじゃないですか。とはいえ、たった一度の人生です。後悔はしたくありません。運命の人と出会った確信があったからこそ、漠然と抱いていた夢が、切実な現実問題として浮上してきました。

一緒に暮らしはじめてからもICUの仕事はあいかわらずハードでしたし、仕事のプレッシャーも続いていました。夜勤も多かったので、2人で晩ご飯を食べられる日は週1回あるかないか。こんな生活がずっと続くかと想像すると、だんだん怖くなってきたのもあります。

ちょうどその頃、シリアスな事故も経験しました。私のミスが原因で患者さんの容態が急変してしまったんですね。同僚たちの助けもあって最悪の事態は回避できましたが、もちろん「結果オーライ」とはなりません。部署的にも大問題になりましたし、何より自分が罪悪感と申し訳なさで押しつぶされそうになった。その日の光景を思い出すと今も動悸がして、過呼吸に陥りそうになります。それくらい、私にとっては恐ろしい経験だったんですね。自分はＩＣＵには向いていないんじゃないか。そんな疑念も日に日に強まっていきました。

それであるとき、同棲して1年くらいかな、けんに思いきって相談したんです。「私、結婚もしたいし、留学もしたいんだけど、どうしよう」って。

これまで生きてきて、人生の決断をしていない!?

僕はそれまで、自分はごく平凡な人生を歩んでいくだろうと思っていました。堅い仕事に就いて、結婚して家を買って。やがて子どもができ、職場では役職が付いて給料もそれなりに上がって、というようなイメージです。若者っぽい冒険心がなかったわけじゃありません。短期留学をしたり、**ワーキ**

ング・ホリデー（ワーホリ）で海外に働きに出た友だちもいて、自分もいつかチャレンジしてみたいなと、頭の片隅で夢想したことはあります。だけど、その「いつか」が結局やってこないことも内心ではわかっていました。日々の仕事をこなすのに精一杯で、そんな余裕もなかった。

とはいえ、自分は本当にこのままでいいのかという疑問を漠然と感じていたのも事実なんですね。同じ職場でずっと働いて「将来こうなりたい」というイメージを抱けなかったのも大きいと思います。先輩たちの働きはリスペクトしていましたが、みなさん職場でのポジションが上がるにつれて重圧も増し、見ていてとにかく大変そうでした。

だからでしょうか。けいとから「2人で留学しない？」と切り出されたときも、不思議と違和感は抱きませんでした。意表を突かれてびっくりはしましたが、「ありえない」とか「ばかばかしい」という感じはなかった。これからの人生をどう生きるか、僕は僕でモヤモヤを抱えていたからだと思います。

最初から100％乗り気だったわけではありません。むしろ「実現したら素敵だね」くらいのテンションだったと思います。だけど、それがいつの間にか「2

ワーキング・ホリデー
二国（地域）間の取り決めで一時的な就労を行うことができるビザ発給制度。18歳から30歳までが対象。日本は2023年末時点で29か国（地域）と提携。自分探しの旅に出る若者により人気に火が付く人なら実現できるかも」に変わっていった。

あるとき、居酒屋でめちゃくちゃ話し込んだことがあったんですね。どうしてそんな流れになったのかは忘れてしまいましたが、要は「これまで生きてきて、自分自身で人生の大きな決断をしたことってあったっけ?」という会話になった。思ったことを正直に話し合い、思わずハッとするところがありました。あの居酒屋の数時間で、僕の中で完全にモードが切り換わった気がします。

04 行こうよ！ 一緒ならなんとかなる

ＩＣＵ時代は毎日が必死でしたが、今から思うと、看護師になってよかったと感じることは数え切れないほどあります。本当にハードな局面も含め、普通ではできない経験をたくさん積ませてもらいましたし、職場で身に付いたスキルや立ち居振る舞いも、さまざまな形でその後の人生に生かされていると思います。後悔したことは一度もありません。

これは2人で海外留学に行った後の話ですが、シドニーの地下鉄構内で昏倒した人がいたんですね。当時の私たちはまだ日常会話もおぼつかない状態でしたが、けんは誰よりも早く駆け寄って話しかけて、周囲の人に「**AED**を持ってきてください」と指示を出していました。ＩＣＵの勤務経験があればこそ、そうやって緊急時に誰かを助けることもできた。でもそれは、どこまでいっても結果論なんですけどね。

AED（エーイーディー）

Automated external defibrillatorの略。「自動体外式除細動器」と訳される。動きが止まった心臓に電気ショックを与え、正常な動きに戻すための医療機器。日本でも駅や公共施設での設置が急増私たちの学生時代は**まだまだ就職が厳しく**、同世代はみんなシビアに将来を見据えていました。素直に夢を語りにくい空気も強かったと思います。その中で看護師は、安定した資格職としてとにかく人気が高かった。私が医療系の大学に進んだのも、「絶対に食いっぱぐれがない」という現実的な理由が大きかったと思います。学費を出してくれる親も納得しやすいし、世間体も悪くありません。逆に言うとそういった諸条件がマッチしていただけで、ちゃんと自分の意志で「私は看護師になりたい」と選び取ったわけではなかった。それがずっと、心の奥に引っかかっていたんですね。

居酒屋でひたすら話し込んだ日は、私もよく覚えています。けんと一緒なら、新しい生き方にチャレンジできる。ちょっとばかり回り道をしても、後悔のない人生を2人で送りたい。心からそう思えたことが嬉しかった。本当にあの居酒屋はターニングポイントでしたね。そこからは一気に気が楽になりました。結婚に向けてお金を貯めながら、「行こうよ！」と力説しまくったのを覚えています。

まだまだ就職が厳しく
就職氷河期は、1993年から2005年といわれている。しかしその後も求人率は改善せず、2010年の大卒就職率は1948年の調査開始以来、最大の対前年比マイナスを記録した（文科省「学校基本調査」）

05 母より大切な人はこの世にいなかった

KEITO

看護師になる前の生い立ちについても、少しお話ししようと思います。私が生まれたとき、母は33歳でした。当時の初産としては、わりと高齢だったみたいです。でも彼女は、1ミリも後悔していなかった。むしろ私には「適齢期なんて気にしないでいい」と、いつも話してくれました。自分はCAとしてさまざまな国に行き、好きな仕事を思いきりやった後にあなたを授かった。あなたも世間の目なんて気にせず、まず自分のしたいことをぜんぶやりなさい。結婚も子どもも、その後で考えればいい、と。

それもあって、けんと出会うまでまったく結婚願望がなかったんです。少なくとも30代までは思いきり働いて、いつか海外生活も経験したいと漠然と考えていました。それくらい、自分にとっての母は大きな存在だった。小学校2年生のとき、父親が私と弟を残して、病気で亡くなった影響もあると思います。それ以来ずっと、母とは親子というより親友のような関係でした。2人で何でも話し合って生きてきたんですね。

父の死後、母は生活のために働きに出るようになります。なので、小・中学校を通じて、帰宅しても私より先に母が家にいることはありませんでした。母の帰りを待ちきれなくて職場まで迎えに行ったことが何度もありました。幼い弟に話を聞いてもらうことはできなかったので、この頃からぬいぐるみに話しかけるようになります。ぬいぐるみを抱っこしているだけでとても安心できました。YouTubeチャンネルの視聴者さんはご存知だと思います、今でもぬいぐるみは大好きです。どの子にも心が宿っている気がして捨てられない。これは間違いなく、おしゃべりに飢えていた子ども時代の影響ですね。

そんなわけで長い間、母よりも大切な人はいませんでした。友だちはたくさんいたけれど、それでも彼女の存在は特別だった。結婚願望が薄かったのは、母と離れる寂しさもあった気がします。大学を卒業してからも、けんと同棲するまでずっと実家暮らしでした。

その時期、母に正直に言ったことがあるんです。「私、どうしても結婚できる気がしない。お母さんよりも大事な人と出会えるとは思えないから」って。母は笑って「心配しなくても大丈夫」と言いました。「もし次に彼ができたら、その人と私が目の前で溺れているところを想像してみて。どちらか1人だけを選べないと迷うようだったら、その人と結婚すればいいのよ。いつか必ず、そう思える人が出てくるから」って。けんと付き合いはじめたのは、その少し後でした。

それまで私は、恋人より家族が大事だと考えていました。でも彼と出会って、自分自身の家族を作りたいと素直に思えた。きっと母は、私にそう伝えたかったんですね。「結婚もするし、2人で留学もする」。普通ならありえない提案をしたのも、今思うと母の教えだった気がします。

06

サッカー北海道選抜から、はじめての挫折

僕も少しだけ、自分の話をしますね。小学3年生から高校1年生まで、ずっとサッカー漬けの毎日でした。ポジションはフォワード。中学では道内トップのチームに所属して、個人で北海道選抜にも選ばれました。試合があるたびに、両親は必ず応援に来てくれて。とりわけ父は「やるなら日本代表をめざせ」「海外に出ろ」と、いつも叱咤激励してくれた。最初はそれが嬉しかったんです。でも中学に入った頃から、少しずつプレッシャーを感じるようになった。

本気で打ち込めばこそ、やっぱり自分の実力って見えてくるじゃないですか。中学時代の所属チームは本当に強く、当時のチームメイトには実際プロになった友だちもいます。その中で僕は、文句なしのレギュラーとまではいかなかった。スタメンで試合に出られる日もあればベンチスタートの日もあるという微妙な立場。厳しいポジション争いで、才能の限界を感じる場面も増えてきました。それ

でも中学の半ばくらいまでは、本気でプロをめざしていたんですね。だけど、最初は好きではじめたサッカーが、気付くと周囲の期待に応えるためのものに変わってしまっていた。父親が期待する息子像と、現実の自分。そのギャップがだんだん大きくなっていったんですね。

高校は、道内屈指の名門私立からも特待生枠で誘われましたが、あえて公立の強豪校を選びました。その方が自分の身の丈には合っていると感じたからです。でも、やっぱり長続きしなかった。中学に比べて、練習内容も試合日程もさらに過密になって。サッカーのすべてに嫌気が差してきたんです。それであるとき、感情が爆発してしまった。誰にも相談することなく退部届を出し、高校時代は一切ボールを蹴りませんでした。ずっと親の意見に従って生きてきた自分にとっては、はじめての反抗です。父はすごく驚いていました。言葉にはしなかったけれど、悲しみとやるせなさを抑えているのが伝わってきました。

落胆させたのは父親だけではありません。小・

中と一緒にサッカーをしてきた仲間たち、監督やコーチ。チームメイトのお父さんお母さんにも、小さい頃から僕を応援してくれた人がたくさんいます。自分で決めたこととはいえ、そういう人たちの期待を裏切ったと思うと、しんどかった。面と向かって「残念だね」と言われたこともあるし、口にはしなくても顔を見ればわかります。自分が空っぽになってしまった感覚は、高校時代はずっと消えずに残りました。

その後、大学に入って僕は、ふたたびサッカー部に入ります。プロになる夢は叶わなかったけれど、やはりサッカーという競技自体は好きなんですよね。リラックスしてプレーを楽しむことができた。ただ、高１で経験した人生初の挫折感は、ずっと棘のように心に刺さったままでした。

もう一度、本気で何かに挑戦したい。サッカーに負けないくらい没頭できるものを見つけて、また胸を張って生きたい。看護の仕事をはじめてからも、心の片隅でそう思っていた気がします。「海外に飛び出す」というけいとの夢が心に響いたのは、その気持ちを思い出したからかもしれません。

07

まあ、なんとかなるっしょ！

KEITO

看護師の仕事をしながら、海外留学に向けた情報収集をはじめました。あちらこちらのエージェントに資料請求をして、説明会に足を運びます。2人とも英語力は限りなくゼロに近かったので、まずは語学学校探しです。これがけっこう高かった。場所によってはひと月で2人で30万円近くするんですね。もちろん、その間の家賃と生活費も必要になります。

2人で貯めた結婚資金は、それなりの額に達していました。でも日本を発つ前に式を挙げることを考えると、余裕はまったくありません。いろいろ計算した結果、学校に通えるのは、せいぜい3か月。それ以降は働きながら、実地で英語を身に付けることになります。必然的にワーキング・ホリデーを利用することになりました。ビザを取得すれば観光だけでなく、一定期間の就学・就労が認められます。日本ではオーストラリア、ニュージーランド、カナダなどが人気です。私たちはオーストラリアを選びました。理由はシンプルで、南半球で温暖なイメージがあったからです。

カナダに比べると訛りが強いとも聞きましたが、そもそも自分たちの英語はそんなレベルにはない。しかも当時は、北海道の寒い冬に飽き飽きしていました。カナダは高緯度でレジャーも少ないし、けんの好きなサーフィンもできません。「せっかく留学するなら暖かいところにしよう」と、オーストラリアに即決です。目標は大都市のシドニーで、英語を使ってかっこよく働くこと。当時はひたすら夢に向かってウキウキ気分の毎日でした。

最初から語学学校に通いつつ、職を探すやり方もありました。でもシドニーは、家賃も物価もすごく高い。英語力がゼロに近い状態では、働き口を見つけるのも困難です。

そこでオーストラリアに行く前に、**フィリピン・セブ島**の学校に通うことにしました。学費はほぼ半額。しかもシドニーの学校は1クラスが20人程度なのに、セブ島の授業はマンツーマンです。留学のエージェントいわく「そこで約2か月

フィリピン・セブ島

フィリピンはアメリカの統治下におかれ、英語が教育言語となり100年を超す。現在も公用語の1つ。セブ島は観光地として早くから栄え、日本をはじめ東アジアの英語教育の場として人気

みっちり学べば、英語への抵抗感は払拭できます」。この2か国留学のコースは当時けっこう人気があって、代理店からも勧められました。

情報を集めるなかで1人、すごく良くしてくれた担当者さんがいたんですね。どのエージェントの説明会に行っても内容は似たりよったりでしたが、その人は「留学は新たな人生の第一歩です！」と熱く語ってくれました。いろいろ相談に乗ってもらい、留学の手続きもそこにお任せしました。

今にして思うと、この頃はまだ海外生活のリアリティがなかった。英語がちゃんと話せないというのは、要するに稼ぐ力が低いということです。仕事を見つけられなければ、貯金を食いつぶすしか道はありません。でも当時は2人の間でどんどん気持ちが盛り上がっていて、当たり前のリスクに目が向きませんでした。思い浮かぶのはローカルの人たちに交じって働く、キラキラした未来予想図ばかり。話し合いの結論はいつも「まあ、なんとかなるっしょ」です。ＩＣＵの職場はあいかわらずきつかったので、無意識の逃避願望もあったのかもしれません。

むしろ気が重かったのは、僕の両親をいかに説得するかでした。看護師という安定した仕事を捨て、結婚と同時に海外に出るなんて、親の価値観ではありえません。２人とも、僕がけいとと結ばれることを心から喜んでくれていたので、なおさら言い出しづらかった。ずるずる引き伸ばし、ようやく報告に行ったのが、出発の半年前。たしか２０１６年の４月だったと思います。それはそれは重たい雰囲気の家族会議になりました。

08

「何を考えてるんだ！ 絶対ダメだ」

けんは一人っ子です。お義父さんはお酒が大好きなので、毎週のように2人で実家にお邪魔しては一緒に飲んでいました。きっとご両親とも、息子の結婚後もこんな時間が続くのだと思われていたはず。でも留学すれば、その楽しみが2年も消えてしまうじゃないですか。そこだけは本当に心苦しかった。話を切り出したとき、最初はキョトンとされていたんじゃなかったかな。次の瞬間、「何を考えているんだ」と猛反対です。お義父さんからは、明確に「ダメだ」と言われました。そりゃそうだよねって、今なら思います。

その時点でけんは28歳。私は26歳です。苦労して身に付けた看護スキルを捨てるのは、どう考えてももったいない。語学学校を出た後に、向こうで仕事が見つかる保証もありません。冷静に考えて計画性がなさすぎます。

でも、けんと一緒に海外に出たい気持ちは揺るぎませんでした。先ほどもお話ししたように、それまでの「挑戦していない人生」を変えてみたかったからです。

私は、自分の意志で新しい環境に飛び込んだ経験がほぼなかった。小さい頃から同じ地域に住み、小・中・高と流れ作業のように進んで。その当時の医療系人気もあって、大学にも友人や知人がいっぱいいたんですね。そうやって無難に生きてきた中で、一度くらい何か大きなことをやってみたかった。

私は口こそ達者ですが、実は臆病な性格です。きっと1人では不安で、行動に移せなかったと思う。自分1人ではできないことが、2人でならできるかも——。けんと付き合いだしてからそう感じる瞬間が増えていましたが、このときの私もまさにそうでした。

付き合う前の私なら、ご両親を説得する以前に、「この年齢から海外留学なんて、みんなにどう思われるだろう」って気にしてしまったと思う。その後チャレンジするインスタグラムやYouTubeでの発信も、ぜんぶ同じです。けんが横にいれば、人目をあまり気にせず、自分を出すことができる。なので、海外への思いやビジョンを、拙いなりに一生懸命プレゼンしました。

結局最後は、いろいろ心配してくれつつも、2人の意志を尊重して認めてくれたので、本当に感謝しています。

とにかく「2年間で英語を身に付けて、スキルアップを図る」の一点押しで、両親を説得しました。例えば帰国後、また看護の業界に戻るとしても、語学ができれば仕事に幅が出ますよね。海外とのやり取りを任せてもらえるかもしれないし、外国人の患者さんと適切にコミュニケーションもとれる。取ってつけたようなビジョンですが、決して嘘ではなかったし、なんとか納得してもらおうと必死でした。

親の方も、とりあえず「ダメだ」と反対しつつも、私たちの本気度を試していたと思います。終始どんよりした空気の家族会議でしたが、最終的には折れて、留学を許してくれました。それ以降は基本、「頑張ってこい」モード。気持ちを切り換え、いろいろ協力してくれてありがたかったです。

職場に伝えたのは、両親を説得したすぐ後ですかね。多少の後ろめたさはありましたが、それよりもハードな勤務に疲れきっていたので、むしろ解放感の方が強かった。同僚からは「本当に大丈夫?」とか「将来のこと考えてるの?」とか、いろいろ心配されました。中にははっきり距離を置かれた人もいます。あまりに世間知らずで、面白くなく思われたのかもしれません。

いよいよ海外留学に出発

親身に心配してくれる友人たちも、結婚後の落ち着くタイミングで、わざわざ仕事を辞めて海外に行くのはやっぱり不思議だったみたいです。「それって普通、結婚前にやることじゃないの？」みたいなことは、いろんな人から言われました。中には「ワーホリってどうせ遊びでしょ」とか、「いくら専門職でも、2年間もブランクがあったら再就職できないんじゃない？」なんて言葉もありましたが、それはそれで、「しっかり成果を出してやろう」というモチベーションになりました。

そこからあっという間に過ぎていきました。２０１６年8月、私たちは婚姻届を提出し、正式に夫婦となりました。その翌月に挙式、10月には最初の留学先セブ島に向けて出発します。いよいよ憧れの海外生活がスタートです。でもそれは、試練の幕開けでもあったのです。

ピーヒャラ
ピーヒャラ

Chapter 2

キラッキラを夢見た憧れの海外生活

約２年間の海外生活は、笑ってしまうほどトラブル続出、毎月の家賃も払えないほど極貧に陥り、ドレッシングをかけたパスタやチューブのソースを塗ったパンのみ。あわや離婚という危機にも遭遇しています。今、私たちがマイペースな活動を続けていけるのも、このハードな時間を２人で乗り越えたから。“夫婦がフウフになる”までのストーリーをお話しします。

01

マイルールが首を絞める トゲある言葉でののしり合う

２０１６年10月、私たちはフィリピン・セブ島の語学学校に入学しました。付属の寮に１日３食が付いたコース。エージェントからは「２か月間、１円も使わず勉強に集中できます」と聞かされていました。憧れていた海外留学生活のスタートです。

でも、しょっぱなから壁にぶつかってしまった。まず現地の食事になかなか適応できませんでした。暑い国というのもあって、とにかく炒め物が多かったんですね。日本に比べて、水の衛生状態もいいとは言えません。生水はできるだけ避けていましたが、滞在日数が長くなるとやっぱり影響は出てきます。結局お腹を壊してしまい、寮でご飯を食べる回数はどんどん減って、近所の日本食レストランに通うことも増えました。１食の値段はそれほど高くなかったけれど、度重なるとやっぱり出費もかさみます。セブ島での２か月間は節約に徹する予定だったのに、これが最初の誤算。

もう1つのストレスは、2人の会話量が劇的に減ったこと。普通、夫婦や恋人同士で学びにきた人たちは、寮の同室に入るんですね。でも私たちはあえて別室で、それぞれ外国の人たちとのルームシェアを選びました。短期間で英語をマスターするには、それがベストだと思ってたんです。もちろん生徒の大半は日本、韓国、中国などのアジア系で、ネイティブスピーカーじゃありません。とはいえ、共通言語が英語しかなければ、頑張ってコミュニケートするしかない。そうやって追い詰められることが大事なんだと、新婚早々、いきなり2か月間の「寮内別居生活」です。

きっと周囲からは、頑なで付き合いにくい2人に見えてたんじゃないですかね。思い出すと苦笑いしてしまうくらい、肩に力が入っていました。授業じゃないときでも「日本語は絶対にしゃべらない」という謎のルールを2人で設けていました。日本人同士でワイワ

イやってるグループを見ては、「自分は流されないぞ」「絶対ルールは守る！」と頑なに貫いていた。でも授業がはじまると、そういうフランクな人の方がしゃべれたりするんです。それでまた、モヤモヤと自己嫌悪が募っていくという悪循環。友だちなんてできるわけありません。

やはり出発前に、友人知人からいろいろ言われたことが大きかったのかもしれません。「結婚して落ち着くタイミングなのに、夫婦揃って仕事を辞めちゃうなんて……」「20代後半で語学留学なんて、本当に意味あるの？」。自由を求めて海外に出たはずなのに、友だちにどう見られているかを、最初から気にしていた。早く英語を身に付けて家族や友人に自慢できる生活をしなきゃと、自分を追い込んでいました。

朝の挨拶は「グッモーニン」……でも会話が続かない

2人とも、毎日ひたすら英語に没頭していましたね。朝8時から夕方5時までは会話の授業があって、そこから深夜11時までは自習室で読み

書きとリスニング。1日平均、14～15時間は勉強していたと思います。

語学の勉強って、そんなにすぐ効果が出るものじゃありませんよね。普通の人は何年もかけてボキャブラリーと経験と増やし、やっと流暢に話せるようになる。でも当時の僕らは、2か月でまあまあのレベルまでいけると思い込んでいました。セブ島を経てオーストラリアに渡った頃には、もう現地の人に交じって働けるんじゃないかって。世間知らずで笑ってしまいますが、そういうイメージを勝手に抱いていたんです。当然、現実はまるで違います。むしろ勉強すればするほど、道のりの遠さを思い知らされる。実際はそこからが本当の勉強なんでしょうが、当時は憧れとのギャップに焦りばかりが募りました。

こうなると自分たちで設けたルールも、どんどん重荷になってきます。その語学学校内ではもともと、英語しか使っちゃいけない決まりでした。でも実際には、先生のいない場所では自分たちの母語で話す生徒も多かった。おしゃべりでストレスを発散し、精神のバランスを取るわけですね。一方で僕らは、2人の間でも頑なに日本語を使わないようにしました。朝、校内でけいと顔を合わせると「おはよう」ではなく「グッモーニン」。冗談ではなく、本当にそう言い合ってい

たんです。でも不自然すぎて、次の言葉が出てこない。クラスメイトならともかく、一番心の通った相手なのでかえって会話が続きません。頭の中には話したいこと、ぶちまけたい愚痴がたまっているのに、自分たちでそれを封じてしまった。けいとの疲労もどんどん蓄積しているように見えました。あんなにハードだった看護師時代にも、彼女とはほとんどケンカした記憶がありません。それなのに海外に出てからは、ちょっとしたことで衝突することが増えた。勉強疲れもあったと思いますが、今思うと原因ははっきりしています。会話が全然、足りていなかった。

夫婦円満の秘訣は会話の量

「夫婦円満の秘訣は何ですか？」。イベントの質問コーナーで、視聴者さんから必ずいただく質問です。私たちの答えは決まって「会話の量」。

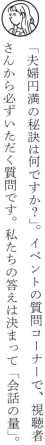

もちろん「気遣い」や「自分の価値観を押し付けない」など、答えは人によってさまざまでしょう。2人で静かに読書している時間が一番落ち着くというカップルも知っています。でもやっぱり、私たちが仲よくいるための秘訣は、日々ちゃんと話をしていることに尽きる気がするんですね。

極端な話、内容なんて何だっていい。他愛のない会話の方が、相手のSOSや大事なメッセージを感じとれるケースだって多々ありますから。2人でいる間、ずっと話している必要もないと思う。自分たちにちょうどいい「量」を2人で見つけ、それを絶やさない工夫が大事じゃないかなって。その量を下回ると、やっぱり心の中ですれ違いが起きてしまいます。私のように生まれつきおしゃべりな人間は、なおさらそうですよね。セブ島での2か月間で、私たち夫婦は間違いなく危険水域に入りつつあった。でも英語の勉強に気を取られすぎて、まだその危機をはっきり意識できていませんでした。

2か月のフィリピン留学は、あっという間に過ぎました。想定していた英語力には達しませんでしたが、2人とも最低限の度胸は付いたと思いま

す。最初は1人でレストランにすら入れなかったのが、片言ながら食べたい料理をオーダーし、お会計を済ませて帰ってこられるようになった。最初はひと言も話せなかったのに、卒業間際の頃には、2人ともスピーチコンテストに参加できるようになりました。イメージとは違ったものの、それだけでも成長したと思います。

02

出迎えてくれたのは、カビたパン

KEITO

2016年12月、フィリピンからオーストラリアに移動しました。もともと、大都市の**シドニー**でカッコよく働くことが、私たち2人の目標。ここからが、海外生活の本番です。大晦日には「**ハーバーブリッジ**」に、有名なカウントダウンの花火を見に行ったりして、美しい夜景を見ながら、希望に胸を膨らませていたのを覚えています。

実は最初のホームステイ先だけは、日本を発つ前に決めていました。そこに1か月お世話になり、シドニーの語学学校に通いながら仕事と住居を確保する計画です。セブ島では別々にルームシェアをして、雰囲気がぎこちなくなってしまった。結婚式を挙げてから約3か月たって、やっと一緒の部屋で暮らせます。心機一転、今度こそ素敵な海外生活をめざそうと思っていました。でもですね、またも壁にぶつかってしまいました。まず大きかったのは、ステイ先との相性です。

ハーバーブリッジ
シドニー最大の交通量を誇る。1日に15万台を超える交通量があり、渋滞でも有名。重厚な石張りの支柱と巨大なアーチでオペラハウスと並ぶシドニーのシンボルである

シドニー
オーストラリアの経済の中心地。人口500万人を超えて、同規模のメルボルンと双璧をなすオーストラリアの大都市。ちなみに首都のキャンベラは約40万人

一口で**ホストファミリー**といっても、実際にはいろんな方がいます。純粋に外国の若者と交流するのが好きという家庭もあれば、家賃が目的という場合もある。けんと私を受け入れてくれたのは、どちらかといえば後者でした。一人暮らしのお婆ちゃんで、たしか私たちが15組目のビジターだったそうです。そのせいか扱いもどこかビジネスライク。会っていきなり「じゃ、そっちの部屋を使ってね」という感じで、ウェルカムなムードは皆無でした。それでも、約束したベッドと3食がちゃんとしていれば文句は言えません。でも驚くことに、その3食さえまともに与えてもらえず、朝も昼もカビの生えたパンだったこともあったんです。

ステイ先って、相性だけでなく運不運も大きいんですね。語学学校のクラスメイトには、たまたま「アタリ」を引いた人もいました。毎食しっかり手をかけた料理に、ビールも飲み放題。庭にはプールまで付いていたそうです。一方、私た

ホストファミリー

ホームステイの受け入れ家族をホストファミリーと言う。外国の一般家庭に滞在し、生活体験などをすることにより、その国の言語や習慣を体験的に学べる場を有償無償で提供する家族を指す

ちは月に30万円くらい支払って、質素すぎる料理と巨大グモが出る部屋。他のファミリーを知らなければ我慢できたのかもしれませんが、あまりの格差に傷つき、落ち込みました。

オーストラリアの最初の1か月も、振り返るとかなりしんどかったですね。シドニーは物価が高いので、外食はできるかぎり避けたい。それもあって食事は毎回、ホストファミリーのお宅でいただいていました。その雰囲気がまた、なんとも気まずかったんです。一番の原因は僕らの英語力のなさですが、向こうも向こうで、日本人のビジターにまるで関心がなかった。けいとはよく、前のビジターさんの名前で間違って呼ばれていました。そういうのって地味に傷つくんですよね。

自分たちが幼かった部分も多分にあったと、今では思います。セブ島時代と同じで、現実をしっかり調べず、憧ればかりが膨らんでいた。たまにテレビ番組で、芸能人の留学に密着したドキュメント映像を見たりしますよね。「第二の母親」みたいな人が登場して、笑顔でハグを交わしたり、涙の別れがあったりします。

自分たちもきっとそんな感じだろうと、根拠なく思い込んでいました。でも現実は違いました。

よかったのは、フィリピン時代の2人のピリピリした空気が少しだけ和らいだことでしょうか。あまりに想定外の待遇だったので、妙な連帯感が生まれます。「またカビ生えてたんだけどー！」なんて言いながら不満をネタにして笑い合うことも増えてきました。でもそれって、決してハッピーな時間じゃありません。同じように愚痴を言い合っても、看護師の時代は「でも、ちゃんと働いている」という自負がありました。一方、シドニーに来た自分たちは、まだ何1つ夢を叶えていない。2人で怒ってガス抜きをしても、その後に待っているのは自己嫌悪の苦さだけです。私たちのホームステイ経験は、お世辞にもハートウォーミングとはいえないものでした。

03 お洒落なカフェの仕事なんてどこにもない

KEITO

ホームステイ期間が終わって、2人で**シェアハウス**に引っ越しました。一般的なマンション形式ではなく、敷地内に小さなプレハブ・ユニットのような部屋がいくつも建っていて、シャワーとトイレは共用というちょっと変わった物件です。部屋のサイズは、たぶん日本の6畳間くらい。玄関がないので靴は外に置きっぱなしだし、シャワーを浴びても雨の日は部屋に戻るまでにずぶ濡れでした。

前にもお話ししましたが、当時のシドニーはとにかく物価が高かった。このシェアハウスも、たしか1か月目はデポジット含め20万円くらいかかったんじゃないかな。それに加えて学費も20万円くらいかかったんじゃないかと思う。有名なボンダイビーチから徒歩15分という立地も大きかったと思います。手持ちの資金は乏しいのに、わざわざ家賃の高い観光エリアを選んで住んでいました。

シェアハウス

一般的にはリビングやキッチンなど共有スペースを持った賃貸住宅。交流を楽しめる新しい住まいの形として日本でも人気。通常の賃貸アパートに比べ各種費用を抑えて暮らせるところが大きな魅力しかも、質素とはいえ3食が付いていたホームステイ先と違って、今度は食費・光熱費も自腹です。実はホストファミリーのところを出た時点で、残金はかなり減っていました。2人ともスーツケース1個分の衣類しか持ってきていなかったので、現地で冬服を購入したり、消耗品を買い足すのに想像以上にお金がかかったりしたんですね。計画性がなさすぎですが、気付けば「来月の家賃は払えても、再来月は厳しい」という状況になっていました。一刻も早く、働き口を見つけなければいけません。

KENTARO

2人とも、最初の希望職種はお洒落なカフェの店員です。理由は、いかにもスタイリッシュで見栄えがいいから。賑やかなストリートで颯爽とオーダーを取る自分を、勝手にイメージしていました。

ネットに求人が出ているわけじゃないので、情報は足で稼ぐしかありません。ひたすら街を歩き、よさそうな店を見つけると入っていって、マネージャーらしき人に直接こう尋ねます。「日本からワーキング・ホリデーで来ています。スタッフの募集はありませんか？」。飛び込み営業ならぬ、飛び込み求職ですね。

でも、まったく相手にしてもらえませんでした。とりあえず話だけは聞いてくれた店。ひと言も口を聞いてくれず、片手だけで追い払われてしまった店。多少の温度差はありましたが、答えは毎回「ノー」です。飲食店が立ち並ぶ繁華街のストリートを、片っ端からトライした日もあります。その日プリントアウトした履歴書50枚をすべて配りきりましたが、それでもやっぱり全滅でした。

04

日本食レストランでだけは働きたくなかった

そこまでして**ローカルジョブ**にこだわったのには、理由があります。ワーキング・ホリデーの日本人に向けた求人って、大半が日本食レストランなんですね。それだと探すのは比較的簡単ですが、働いているのは日本人だけなので、日本にいるのとあまり変わらない。これじゃ自分の成長に繋がらない。当時の私は、頑なにそう思い込んでいました。もう1つは経済的な理由、具体的には賃金の格差です。すべてとは言いませんが、日本人向けの求人は総じて時給が安く設定されていた。それでも仕事がほしい日本人がたくさんいるからです。

自分の英語力不足が原因だとわかってはいても、やっぱり抵抗感は拭えませんでした。選べる立場ではないことを思い知らされました。北海道で働いていたときは、2人ともそれなりに仕事へのプライドも収入もあったんですね。看護師は資格職で、お給料も安定しています。職場環境はハードでも、経済的な心配はし

ローカルジョブ

現地の企業で現地の人と同じ条件で働く仕事のこと。当然のことだが、現地の人と同じ程度の労働力が求められる。コミュニケーションの能力も同程度のものがなければ務まらない

たことがなかった。でもオーストラリアに来たら、履歴書すら受け取ってもらえません。数か月前までバリバリ働いていたのに、日本を一歩出れば、自分たちには何のスキルもないんだなって。当たり前の事実を突きつけられました。

貯金は日に日に減っていきます。翌月の家賃支払いも迫ってくるし、何よりも背に腹は代えられません。1か月くらいでカフェの仕事は諦めて、「お給料がもらえるならなんでもいい」と気持ちを切り替えて、日本食レストランで働きはじめました。

けいとから少し遅れて、僕はローカルのレストランで仕事を見つけました。ホールで働くスタッフではなく、厨房の皿洗いです。チェーン展開している大手だったので、時給はオーストラリアの基準を満たしています。でも仕事内容はすこぶるハードだった。まずシンプルに、食器がめちゃめちゃ重かったんですね。日本ではありえないサイズの皿やボウルがトレイに山積みにされ、次から次へと運ばれてくる。汚れを高圧洗浄機で洗い流し、巨大な食洗機に突っ込んで、それをまたホールに戻す。そんな単純作業が、1日中ずっと繰り返される

わけですね。腕も足もくたくたに疲れるし、作業服はあっという間にずぶ濡れです。マネージャーからは終始「ハリアップ！」と急かされっぱなし。1日の労働を終えてシェアハウスに帰ると、ほとんど話す気力も残っていませんでした。

人種差別も経験しました。**多文化主義を掲げるオーストラリア**ですが、やっぱりアジア人への偏見は残ってるんですね。わざわざ車の窓を開けて罵声を浴びせてくる人がいたり。ひどいときは、電車の中で後ろから生卵をぶつけられたこともあります。怖いし悲しいし、心底怒りがわくし、何より自分という存在を全否定された気持ちになります。差別って、頭で理解するのと自分が実際受けるのでは、天と地ほど違う。賃金格差についても、実は同じだと思います。外国からの留学生や技能実習生にハードな労働を押し付ける現実は、日本にも全然ある。でも自分が似たポジションに置かれるまで、僕はそのしんどさをリアルには想像できていませんでした。「良くも悪くも」という表現が正しいのかはわかりませんが、はじめての経験でした。ただシドニーの数か月で、日本で見えてなかったものに気付けたのは事実です。

オーストラリアの多文化主義

イギリスの流刑地にはじまり19世紀のゴールドラッシュを経て移民が押しかけた。さまざまな文化や技術・知識によって発展し、1970年代には先住民や移民を含めすべての国民は平等と政府が公約した

05

ケンカの毎日。でもインスタではキラッキラ投稿のジレンマ

物価は高いのに賃金は安い。必死で働いても、月々の家賃を支払うのがやっとです。出発する前は「休みの日にはオーストラリアのビーチでのんびり過ごそう」なんて夢見ていました。でも実際は、休日なんて週1回あるかないか。その1日だって、疲れはてて寝てしまいます。憧れとのギャップにイライラが募って、シドニーでは毎日のようにケンカをするようになってしまいました。日本にいたときも仕事はハードでしたが、2人でいるときは気持ちが安定していたんですね。本格的なケンカはもちろん、ちょっとした小競り合いの記憶すらありません。なので、けんの怒った顔や嫌な部分を目にするのもはじめてです。私の怒った顔やとげのある言葉をけんが聞くのもはじめて。海外なんて来なければよかったって何度も思いました。このまま別れることになったらどうしよう……そんな不安が1日に何度も頭をよぎるようになってしまいました。

実はこの時期、私たちはインスタグラムに「hinumafuuuf」のアカウントを開設しています。ちょうど日本でもユーザー数が急増し、「**インスタ映え**」という言葉が流行りだした時期でした。初投稿は2017年3月9日。シドニーで暮らして約3か月目。2人の間の空気感は「夫婦崩壊の危機」と言えるぐらいにまで迫ってきていました。でもインスタには、頑張って幸せそうな写真だけをアップしていたんです。結婚式の思い出、フィリピンやシドニーで巡った場所、お洒落なカフェやレストラン。正直に言うと、「でも」ではなくて「だからこそ」ですね、理想とかけ離れた自分たちの生活を、日本の知り合いには恥ずかしくて言えなかった。「私たちはこんな素敵な海外生活を送ってます」アピールだったと思います。

インスタを見て日本の友だちが「今度の長期休みで遊びに行こうかな」と連絡をくれることもありました。そう言ってもらえると嬉しいのはたしかなので、こちらも「おいでよ！　めっちゃ楽しいよ」と返信します。でも、本当に来られたら困ってしまうわけです。私たちは毎日働かないと家賃も払えないし、うまく休日を使えても案内する場所なんて知りません。お金がなさすぎて、そもそも自分

インスタ映え
2017年流行語年間大賞ワード。写真や動画を投稿するインスタグラムで見映えのよい投稿をすること。スマホの普及により、写真を撮ることがデジタルネイティブ世代には日常の所作となる

たちがシドニーを満喫できてないからです。こうなると2人で共謀して嘘をついているようで、後ろめたさばかりが募りました。コップいっぱいに注いだ水が**表面張力**で盛り上がるように、ギリギリの状態で耐えていた。そしてある日、本当の本当に、限界を迎えました。

表面張力

グラスの縁以上の高さまで液体が盛り上がっているさま。液体の分子間の引力で分子と分子がぎりぎりのところで引き合う状況のこと。平たく言うとこぼれる寸前の状態

06

全身ジンマシンと絶叫と号泣
カッコつけるのをやめた瞬間

シドニーで暮らしはじめて5か月目くらいだったと思います。けいとが大きく体調を崩したんですね。まるで何かの拒絶反応みたいに、全身にジンマシンが出ました。ＩＣＵ時代にもストレスで湿疹が出たことがありましたが、それよりさらに症状が激しかった。狭い部屋で2人でいるとき、彼女は堰を切ったように泣きはじめました。

こんなに働き詰めの生活なら、看護師をしていた頃と何も変わらない。自分を偽っている分、何なら今の方がずっとずーっとひどいって。そんなにも感情を爆発させるけいとを見たのは、そのときがはじめてでした。一番大切な人にこんな思いをさせて、自分たちは一体何をやっているんだろうと情けなくなった。気が付くと、僕も涙を流していました。

シドニーに来てから急劇に衝突が増えていましたが、まだどこか、カッコつけている自分を捨てられてなかった。お互いに胸の奥をさらして、弱みを見せられるところには至っていなかった。本当の意味で気持ちをぶつけ合えたのは、あのときが最初だったと思います。逆に言うと、あそこで本音を言い合えなかったら今の夫婦の関係はなかったかもしれません。2人にとってある種の試練であり、大切なターニングポイントだったなと今では思います。

結局、お金のかかる都会暮らしは半年で諦めよう、別の方法を考えようということになりました。クイーンズランド州の**ゴールドコースト**に移ることにしたのです。シドニーから北に約680キロのところにある、古くからのビーチリゾート。人口はシドニーの10分の1程度。街の雰囲気も時間の流れ方も、ずっとゆるい感じです。貯金も尽きかけていたので、海外でのアーバンな生活を夢見ていた僕たちにとっては、正直「都落ち」の気分でした。

でも結果的に、この決断が正しかった。思いきって環境を変えてみたことで、夫婦の間の空気は劇的によくなりました。2017年6月のことです。

ゴールドコースト

オーストラリア大陸の東側に面する世界でももっとも人気のあるリゾートエリアの1つ。サーフィンで人気があるだけでなく、治安もいいので留学やワーホリでも世界中の多くの人に愛されている

07

皿洗いでもいい 毎日の乾杯タイムでお互いを確認

けんは皿洗いに加えて、ハウスクリーニング。私は日系のとんこつラーメン屋さん。どちらもローカルの**最低賃金**を満たした仕事が見つかりました。もともとゴールドコーストは、シドニーよりかなり物価が安いんですね。食費もそうですし、家賃の相場も体感的には半分くらいだったと思います。それでまず、働く日数を大幅に減らすことができました。シドニーでは、2人ともほとんど休みなしで働かないと毎月の家賃を支払えなかった。でもゴールドコーストなら、週4日働けばやっていける経済状況となりました。結果的に2人でのんびり過ごす時間が増えました。これがすごく大きかった。

半年間の教訓を生かそうと、お互い工夫し合った部分もあります。夫婦のすれ違いをなくすために、いくつか簡単なルーティンを作りました。ゴールドコーストで私たちが入ったシェアハウスは、海のすぐ裏手にあったんですね。けんも私

最低賃金

日本では地域的最低賃金の考え方が取り入れられてまだ日が浅いが、19世紀末のイギリス生活賃金思想に端を発する。人がある生活水準を維持するのに必要な最低限の時間給

も、仕事を終えてすぐ家に帰れば、ちょうど夕陽の時間に間に合う。2人で1本ずつビールを持ち、ビーチでサンセットを眺めながら今日の出来事を話すようにしました。

お金はほとんどかかりませんが、その時間を作るようになってからは、2人の間の空気がまったく変わりました。オフの日には、ちょっとしたおつまみを用意して晩酌する。お金がなくての節約メニューでも、2人の間にイベント感があれば、それだけで気持ちが豊かになります。話す内容も、別に何だっていいんですよね。他愛のない会話でも、やっぱり一緒に過ごし、相手の気持ちやコンディションを感じとる時間を持つことが大事なんだとわかりました。

ゴールドコーストという街のカラーも、当時の私たちに合っていたんだと思います。リゾートという場所柄もあって、全体的に空気がリラックスしてるんですよ。道行く人たちの出で立ちもかなりゆるめ。パジャマみたいな服装の人もけっこう多いし、中には裸足で歩いている人もいます。やっぱりシドニーはオーストラリア経済の中心地で、パリッとした格好の人が多かったんで

すよね。僕たちは稼ぎも少なかったので、それで勝手に気後れしてしまった部分も大きかった。その点、ゴールドコーストではあまり人の目を気にしなくなった。自分たちの身の丈に合った生活スタイルを、2人で作っていけた気がします。

08

思い込みを捨てると、楽しいことがいっぱいあった

自分たちに合った生活ペースを取り戻すと、ものの見方も目に見えて変わっていきました。まずゴールドコースト移住を都落ちのように感じていた自分が、恥ずかしく思えてきた。他人から「こう見られたい自分」が暴走してしまい、人として大事なものを見失っていた。そんな自分のバカさ加減に気付いて「はっ！」としたのも、ゴールドコーストに移った後です。

仕事への向き合い方もすごく変わったと思います。シドニー時代の私は、海外にまで来て日本食レストランで日本語を使って働く自分を無意識に「負け組」と感じていた。でも、そう決めつけているのは他人じゃなく、自分自身なんだと気付きました。「こんなところにいるはずじゃないのに」と思いながら嫌々働くことで、自分で自分の価値を下げ、自分自身を傷つけていた。当時はそうせずにいられなかったけれど、でもそれって、考えてみれば意味のないことですよね。仕

事に対しても、お客さんに対しても、自分の人生に対しても失礼な考え方だったと思う。それでゴールドコーストのラーメン屋さんでは、当たり前に全力で働くようになりました。働いているのは全員日本人でしたが、その中でいかに無駄なく流暢にオーダーを取れるかを、自分の中で追求しはじめたんです。しっかりしたお給料をもらえたこともモチベーションに繋がりました。

約1年半のゴールドコースト暮らしでは、合計3回引っ越しをしています。どれも3LDKのシェアハウスで、うち1部屋を僕たち夫婦が使い、リビングを共有する形です。同居人はオーストラリア人のときもあれば、韓国人、日本人のときもありました。早く英語が上達するようにシドニー時代まではなるべく日本人との接触を避けていましたが、そういう頑なこだわりも薄れていった。面白いもので、そうするとはじめて現地の友だちができたんですね。

カフェでお茶を飲んでいたとき、向こうからカタコトの日本語で話しかけてきてくれた。サーフィンという共通の趣味も見つかり、たまに一緒に遊ぶようになりました。変な目標設定を止め、肩肘張らずに暮らすようになったことで、いろんなことが好転していった気がします。

休日はお弁当を持って海に行ったり、カフェを巡ったりして、2人でのんびり過ごしました。体を動かす機会も格段に増えましたね。オーストラリアではそもそも、環境や健康に対する意識が日本よりずっと高い。ゴールドコーストでも、日の出とともにウォーキングを楽しむ人がたくさんいました。札幌ではほとんど出合わなかったその光景が、すごく新鮮だったんです。そんなヘルシーなライフスタイルに感化され、朝から2人で散歩するのを日課にしました。あとゴールドコーストって、美しいビーチだけじゃなく、実は山も充実してるんですよ。レンタカーで少し内陸部まで行くと、「**ヒンターランド**」という熱帯雨林のエリアが広がっています。マウンテンビューの絶景や美しい滝もあって、僕らもトレッキングに出かけたりしました。

ヒンターランド

都市近郊の後背地の通称。都市機能と周辺地域が相互補完して機能するエリア。ゴールドコースト周辺では、都市居住者が自然に触れ合える場所として、日常的訪れている

09

北海道ってそんなに憧れの土地!?私ってラッキーガール?

実はこの時期には1つ、忘れられない出来事があります。市内でトラム（路面電車）に乗っていたとき、現地の方から話しかけられたんですね。せわしないシドニーと違って、ゴールドコーストではそうやって見知らぬ人同士おしゃべりする機会も多かった。で、「日本のどこから来たの？」というお決まりの質問に「北海道」と答えたときです。「えええ！　本当に!?」と、予想もしなかった熱量でリアクションが返ってきました。その方は観光で日本に行かれた経験があったそうで、中でも北海道が抜群によかったと力説されたんです。「あんな美しい土地で生まれたなんて、あなたラッキーガールね」と笑顔で言われたのを覚えています。

正直に言うと、当時の私は、自分の故郷に対してそこまでの魅力は感じていませんでした。札幌の市内で育ったこともあって、そもそも北海道のことをよく知らなかった。冬の寒さや積雪も嫌でしたし、むしろ東京や大阪など大都市への憧れが強かった気がします。でもオーストラリア人にとって、**北海道はすでに1つのブランド**になっていました。もしかすると海外の旅行業界では、ずっと前から当たり前の常識だったのかもしれません。でも私は、北海道の外に出てみて、はじめてそれに気付かされました。

トラムで出会ったその方からは「あなたのオススメの場所を教えて」とも聞かれました。私は1つも答えることができなかったんですね。そのときはたぶん、無難な名前を挙げてその場をやりすごしたんだと思います。でも実際には、地元で心から人に薦められる場所が、自分の中には1つもなかった。これは地味にショックでした。帰国したらもう少し、自分たちの足元にも目を向けてみよう。できればその魅力を海外に向けて、自分たちなりの目線で情報発信してみたいなと。そんなことをうっすら考えたりもするきっかけになりました。

北海道はすでに1つのブランド
1990年代から目端の利くオーストラリア人の間でニセコの雪質（パウダースノー）が噂になる。2000年以降は次々に海外資本が参入してきて、今や世界の冬のアクティビティリゾートとして有名

10

フォロワー5000人でも モヤモヤ感が拭えない

夫婦での発信活動をふんわり意識しはじめたのも、このゴールドコースト時代だったと思います。やっぱり働く日数が減って、時間に余裕ができたのが大きかったんでしょうね。以前よりたくさん写真を撮ったり、カメラを回したりするようになっていました。

僕たちが海外で出会った日本人の中には、ライターさんやカメラマンさんなど、いわゆるクリエイティブ系の方も多かったんですね。パソコン1つあれば好きな場所で自由に働ける「**ノマドワーカー**」という流行語も、よく耳にしていました。けいとは結婚前から、いつか2人で世界一周旅行をしたいとよく話していたんです。発信活動がゆくゆく副業になれば、夢の実現にもプラスになる。そんな未来をふんわりと夢想して、夫婦のブログを開設し、2人でコツコツと記事を書いたりもしてました。主な内容は、自分たちの海外生活についてです。僕たちが留

ノマドワーカー

遊牧民(ノマド)と働く人(ワーカー)の単語を組み合わせた造語。定期的に住む場所を変えながら働く人々のこと。PCとインターネットがあればどこでも働ける。英語ではDigital Nomad

学を決めた際、「結婚と同時に2人で海外に行く」という事例はほとんど見つかりませんでした。だからこそ、自分たちの経験を文章にしておこうと思ったんです。そうすれば、いつか誰かの参考になるかもしれない。

発信した情報が誰かの役に立ったり、共感してもらえたりすると、やっぱり嬉しいんですよね。はじめてブログから収入を得られたときのことは、よく覚えています。100円にも満たない額でしたが、確実に読んでくれた人がいるという事実に、2人で大喜びしました。

シドニーで開設したインスタグラムも、定期的に続けていました。初期の投稿を見返すと、ちょっぴり申し訳ないような気持ちになります。写真もテキストも、アップしているのはぜんぶ本当のこと。でも

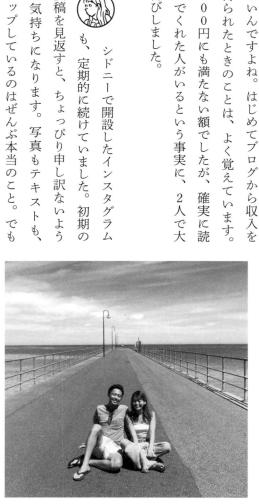

ハードワークの毎日を隠し、素敵な海外生活を演出している自分を思い出すから冷や汗ものです。ゴールドコーストに移り、自分たちの現状を受け入れたことで、夫婦の関係は大きく改善しました。むしろ大変な時期を乗り越えて、日本を発つ前より絆が深まったと思います。でもインスタではあいかわらず、背伸びした投稿が続いていました。１００人程度ですが、フォロワーさんができたことも大きかった。今思うと流行に煽られ気味だったというか、自分たちもインスタグラマーとして注目されたいという気持ちが強すぎたんだと思います。

今では笑い話ですが、当時はインスタ用の写真1枚に1時間かけることも普通でした。カフェでも三脚を設置し、俯瞰からパンケーキを撮影したりして。いわゆる「インスタ映え」する写真をアップすることに熱中していたんですね。何度もチェックを繰り返すうちに、料理も飲み物もすっかり冷めてしまいます。2人の時間を楽しむために入店したはずなのに、わかりやすい本末転倒ぶりです。でも当時は、インスタをやるってそういうことだと思い込んでいたんでしょうね。実生活と乖離した「キラキラしたシーン」ばかりを投稿してい

ました。でもワーキング・ホリデーも終わりに近づいてくると、2人ともさすがに疲れが出てきた。その頃にはもう、フォロワーさんが5000人前後にまで増えて嬉しい一方で、「魅せるためだけの写真」を投稿している自分に、「一体、何をやってるんだろう？」という違和感が強くなっていました。

オーストラリアが
たくさんの気付きを与えてくれた

帰国前の2か月間は、車でオーストラリアを1周する旅に出ました。いろいろあった海外生活でしたが、シドニーで夫婦の危機を乗り越えてからは本当に楽しくて楽しくて。ありのままの自分を受け止めてもらって、ありのままの相手を受け入れて、本当のことを言い合える関係になれたんだと思います。このときのロードトリップは、一生忘れられない思い出です。**エアーズロック**、**グレートバリアリーフ**など有名スポットを2人でくまなく回って、それこそ「映え写真」を撮りまくりました。ただオーストラリアの雄大な景色に息を呑み

エアーズロック、グレートバリアリーフ
オーストラリアを代表する、ともに世界自然遺産。エアーズロックは世界最大級の一枚岩でできている。グレートバリアリーフは世界最大のサンゴ礁地帯で、一説には宇宙からでも見えるとも言われる

ながらも、ゴールドコーストの市電で交わした会話が、頭のどこかに残っていたんですね。「あんな美しい土地で生まれたなんて、あなたラッキーガールね」。もしかしたら自分の故郷にも、この風景に負けない場所がたくさんあるんじゃないかって。その時点ではまだ、自分たちがキャンプの動画をアップすることになるとは、夢にも思っていません。でも現在のヒヌマフウフの種を蒔いてくれたのは、間違いなくあのマダムの言葉と、オーストラリアでの濃密な経験でした。

オーストラリア1周後、2人は北海道に戻ります。2018年12月。新しい日常がはじまります。

Chapter 3

コロナ禍でキャンプしたら楽しすぎた

2018年。日本に帰ってきた私たちは、自分たちなりの発信方法を模索しはじめます。最初の頃はもう、肩に力が入りまくりでした。伝えたい気持ちはあっても、自然なやり方がどうしても見つけられなかった。そんなとき、たまたま出合ったのがキャンプです。私たちのYouTubeチャンネルがどのように生まれて今に至っているのかをお話しします。

01

〝ありのまま〟最強説でもどうすればいい？

帰国後、けんと私はそれぞれ別の職場で働きはじめます。２人とも今度の仕事は看護師ではなく**保健師**。地域の保健所や企業の健康管理室などで保健指導を行う、予防医療の専門職です。ここはやっぱり、資格職の強みですよね。２年のブランクを挟んでもスムーズに就職できたのは本当にありがたかった。ＩＣＵ時代と違って夜勤もないので、生活のリズムもかなり落ち着きました。

再就職から間もない２０１９年3月には、「ヒヌマフウフ」のYouTubeチャンネルを開設しています。前章でお話ししたように、ゴールドコースト時代からブログやインスタグラムで海外生活の発信ははじめていました。中にはその投稿を見て、「私も留学の決心がつきました」とコメントをくださる方もいらっしゃいました。だったら自分たちの体験を、直接動画で伝えるチャンネルを作ってみよ

保健師

看護師は主に病気になってしまった人の治療をサポートするのに対して、保健師は病気にならないよう、日々の保健指導や健康管理などを行う。保健所や保険センターのほか企業や学校で働く人もいる

うかなと。年齢や環境のせいで迷っている人の背中を、ちょっとでも押してあげられたらと思いました。

私たちは留学でたくさん失敗をしたし、いろいろな苦労もしました。貯金が底を突いて生活が破綻しかかった時期もあったし、帰国後のキャリアアップに繋がるほど、語学力が上がったわけでもありません。でもトータルの経験として、海外で過ごした2年間は決して無駄じゃなかったと思えたんですね。むしろ自分の愚かさ、ちっぽけさと正面から向き合うことで、たぶん人としては成長できた。お金や仕事のありがたさも、骨身に染みてわかりました。何より、パートナーとの関係をいい状態に保つために一番大切なことが、理屈じゃなく体感できた気がします。そういうリアルな体験談も含めて、海外留学のメリット・デメリットを伝えたいと考えたんですね。ただ、当初のこの運営方針は、あまりうまくいきませんでした。

たぶん、肩に力が入りすぎていたんだと思います。コンテンツの作り方も、今から思えば身の丈に合っていませんでした。最初は素直に、自

分たちの経験を語るつもりだったんです。でも、いざチャンネルを開設すると、どうしても欲が出てしまった。語学学校の紹介に加えて、英語の勉強法やTOEICの伸ばし方など学習系の動画にも挑戦しました。現在の「ヒヌマフウフ」チャンネルのゆるい空気からは想像できないでしょうが、当時は台本もきっちり用意して、2人でカメラ目線で話していたんです。

そうなると事前の準備も大変だし、自分たちの日常生活にも負荷がかかってきます。睡眠時間を削って予習に当てるという、どう考えても本末転倒のケースも増えてきました。勉強に関する内容なので、間違ってはいけないというストレスも大きかったですね。しかも、苦労したわりには視聴回数は伸びなかった。第一、やっている自分たちがまるで楽しくありません。

ゴールドコースト時代、僕たちは背伸びして「インスタ映え」する写真ばかりアップしていました。それに疲れてしまったのに、気が付けばYouTubeでも同じことを繰り返していたわけです。自分たちは一体、何をやってるんだろう。もしかしたら発信活動には向いていないのかなと。行き詰まって、そんなことを考えたりもしました。

TOEIC（トーイック）

英語でのコミュニケーション能力を検定する試験。スコア数値で評価され、日常生活での「話す・書く」を測定。母語が英語ではない人の英語力の証明でもっとも活用されている国際的基準の1つ年が明けて2020年に入ると、今度は世の中が一変します。言うまでもなく新型コロナウイルスの大流行です。全国的に外出自粛が要請され、海外渡航も大幅に制限されました。2月末には北海道の鈴木直道知事が、道民に向けて独自の「**緊急事態宣言**」をいち早く発表しています。僕の勤め先は急きょコロナ対策に追われるようになり、生活も様変わりしてしまった。こうなるともう、留学情報どころではありません。ちょうど発信活動そのものに限界を感じていた時期でもありました。

それで2人で家族会議を開いて、いったんYouTubeから離れることを決めたんです。コロナ期間中の過ごし方は、たぶん読者のみなさんと同じだと思います。ニュースで報じられる日々の感染者数を眺めつつ、息を潜めるような生活が続きました。

緊急事態宣言

全国的には2020年4月16日だが、北海道はそれに先駆けてり患患者が増えてしまっていた。北海道は2月時点で外出自粛にあたる、知事による社会活動の自粛が唱えられていた

02

思い付きのキャンプがあまりに楽しすぎた

転機が訪れたのは２０２０年7月。けんと私はふと思い立って、車でキャンプに行くことにしました。最初の緊急事態宣言が解除されて１か月ちょっと。街にも人が戻りつつあった時期ですね。

夫婦で遠出するのは、本当に久々でした。というのも、保健師という仕事柄、2人とも感染対策には人一倍気を使う必要があったんです。特にけんはコロナ対策の部署で働いていたので、人が多い場所には近づけなかった。それで「密も避けられるし、そろそろキャンプぐらいならいいんじゃない？」という話になりました。コロナ期間中ずっと息が詰まりそうだったので、この日は出発前から解放感でいっぱいです。気持ちよく晴れた週末で、ドライブしているだけで嬉しさが込み上げてきました。

この時点では2人とも、キャンプ経験はほとんどありません。けんは子どもの頃、お義父さんに連れられて何度か行ったことがある程度。私はオーストラリアでテント泊の経験はありましたが、実質的には完全ビギナーです。急きょ決めたので、ギアもほとんど間に合わせでした。テントはけいとの実家から引っ張り出してきた30年前のもの。調理器具は家の台所から持ってきたフライパンとカセットコンロ。乾杯用のワイングラスは、直前に100円ショップで購入しています。でもとにかく楽しくて、そんなことはちっとも気になりませんでした。

最初は千歳の「美笛（びふえ）キャンプ場」というところに行ったんです。**支笏湖**（しこつこ）の絶景を期待していましたが、ここは満員で入れなかった。当時の私には、人気スポットには予約が必要という当たり前の発想すらなかったんですね。「へえ、キャンプ場って入れないことがあるんだ」と意外に思ったくらいです。それで急きょスマホで探し、車で1時間ほどの「安平町ときわキャンプ場」に目的地を変更しました。笑ってしまうくらい、すべてが行き当たりばったり。でも不思議なもので、そんなハプニングもかえって冒険気分を盛り上げてくれました。

安平町に着いてからもドタバタの連続です。せっかく用意した食材を家に忘れ

支笏湖（しこつこ）

アイヌ語「シ・コッ」（大きな窪地）が語源。湖の中には切り立った崖のような光景が広がり、最大水深363m。日本最北の不凍湖という異名も。養分が少ないので日本でもっとも透明度が高い湖の1つ

ていたり、焚き火をしようにも火の付け方がわからなかったり。お隣のカップルのテントサイトがとにかくお洒落で、自分たちとのギャップに衝撃を受けたりもしました。世の中にはお洒落で機能的なキャンプギアが山ほど存在すると知ったのも、たぶんこのときです。それもこれもぜ～んぶ含めて、この日はずっと笑いっぱなしでした。

キャンプ料理も、大したことはしていません。メインはバーベキューコンロで、買ってきたホッキ貝とお肉を焼いただけ。それでも大自然の中で食べれば、いつもの何倍も美味しく感じられます。2人でほとんどお金をかけず、こんなにも贅沢で豊かな時間を過ごせる。このうえなくシンプルですが、私の中では本当に新しい発見でした。

実はこの日、最初は動画を撮るつもりはなかったんです。あまりにも気分が盛り上がったので、「じゃあ記念に撮っとく?」ぐらいの軽い感じでした。一緒にいるけいとが楽しそうにしていると、つい撮りたくなっちゃったんでしょうね。

帰宅してからも、ちょっと迷いました。撮影や編集の作業自体は、もともと嫌いじゃありません。しばらくYouTubeから離れようと決めていましたし、こんな行き当たりばったりのキャンプ動画を上げても誰も見ないだろうと思ったんです。映っているのはほとんど僕らの日常の延長で、特別なことは何も起きていません。でも1つ思ったのは、けいとの表情がとても自然だったんですね。それまでの動画と違って、よそいきの彼女じゃない。自分が一緒に暮らし、毎日おしゃべりしている彼女が映っている気がしました。それで思いきって、ひたすら2人でキャンプを楽しんでいるだけの動画を投稿したんです。それが2020年7月20日。タイトルも奇をてらわずに、ただ「初心者キャン

パーによる最高のキャンプ」とだけ付けました。

ほぼ編集を加えず、失敗も切らずに出したのは、そもそも視聴者の存在を意識していなかったからです。従来の僕たちの発信スタイルとは、あらゆる点が違っていました。そうしたら1年半くらいコツコツ投稿していた動画よりも、はるかにリアクションが多かったんですね。再生回数で言うと、それ以前の全動画のトータルPV数を簡単に超えてしまった。

「おふたりのほのぼのキャンプ、癒やされました」

「ご夫婦一緒に楽しんでる様子が心地良く、見入ってしまいました」

知らない方々から、そんな温かいコメントを次々いただいたのにも驚きました。チャンネル登録者数も一気に増えて、正直ドキドキしましたね。一体何が起きているのか、最初は自分たちもよくわかっていなかった気がします。

03

動画のためのキャンプは楽しくない

そこからハマるのは早かったですね。もう、週末が楽しみで仕方なくなりました。行動範囲を広げて、さっそくデイキャンプで川釣りにも挑戦しています（釣果は見事にゼロでしたが）。アウトドアショップに出かけ、いろんなメーカーさんの製品を試しまくった末に、ついにテントも購入。キャンプ場で初張りしたときは、自分でもびっくりするぐらいテンションが上がってしまった。新しい世界で、どんどん知識が増えていく面白さもありました。

緊急事態宣言こそ解除されたものの、新型コロナウイルスの収束はまだ見えていなかった。世の中全体がどこか重苦しい雰囲気に覆われていた時期です。その中でキャンプは、密を避けられるレジャーとしてにわかに注目を集めていました。今にして思えば、私たちもまさにその渦中にいた気がします。ただ、ブームに当て込むような気持ちはまったくなかった。むしろこの間、YouTube のことはほとんど意識していません。今もそうですが、自然の中でけんと過ごす時間が、純粋に好きだったんですね。

初期のペースが早かったのは、むしろ地理的な条件が大きかったかもしれません。ご存知のように北海道では、多くのキャンプ場が雪に閉ざされてしまいます。最近は通年営業のところも増えていますが、超ビギナーの私たちに冬キャンプができるとも思えなかった。当時はまだ、冬用のギアもまったく持ってませんでしたから。でも、せっかく面白さを知ったのに、半年もキャンプを我慢するのは悲しいじゃないですか。それで本格的に冬になる前の週末ごとに、2人で新しいキャンプ場を開拓するようになったわけです。

雨でキャンプに行けない日は、開き直って「ガレージでキャンプ飯」を楽しみました。私たちは知る人ぞ知る「雨男雨女夫婦」なので、そういう日も多いんですよね。それでも温かいコメントを付けてくださる方が多くて、驚きつつも嬉しかったのを覚えています。

YouTubeの「ヒヌマフウフ」チャンネルに関しては、2人の間でシンプルなルールも決めました。「動画はあくまで、自分たちのため」ということです。もちろん視聴者の方からリアクションをいただくと、すごく嬉しい。次の動画をアップする励みになります。最初のキャンプ動画を投稿して以来、チャンネル登録者数も着実に増えていました。ただ、「次のコンテンツを作るためにキャンプに行く」という循環に陥るのは避けたかったんですね。

もちろん、YouTubeが副業の1つになればという期待がなかったとは言いません。視聴回数を上げていくには、やっぱり動画を定期的にアップする必要があります。留学情報を発信していた頃にいろいろ調べたので、その鉄則は僕たちも知っていました。

でも更新日を決めてしまうと、どうしてもルーティンが生まれますよね。当時、僕もけいともフルタイムで働いていたので、キャンプに行けるのは週末だけ。その中で更新スケジュールを固めてしまうと、せっかくの自由な楽しみが失われてしまう。いくらキャンプが好きでも、やっぱり家で寝ていたい週末もあるじゃないですか。朝から雨が降っていたり、その週の平日が残業続きで疲れきっていたり。そんなとき「次の素材がないから、頑張って行かなきゃ」と思ってしまうのが嫌だったんですね。誰かに見せることが目的化しちゃうと、結局ゴールドコースト時代の「インスタ映え呪縛」と同じです。かつての苦い経験もあって、2人ともそれだけは避けたかったんですね。

自分たちのキャンプ動画が思った以上に楽しんでもらえた理由は、僕たち2人が楽しんでいたから。どんなものであれ、プレッシャーを感じてまで更新する意味はまったくない。最初に話し合って決めたこのルールは、今も変わらず生きています。「ヒヌマフウフ」チャンネルにおいて、ほぼ唯一の運営ポリシーと言えるかもしれません。

04

あんなにこだわった〝映え〟を捨て、牡蠣3連投で吹っ切れた

私たちにとって、キャンプの醍醐味は何と言っても「大自然の中で食べること」。北海道の雄大な景色を見ながら味わうビールとキャンプ飯には、どんな高級レストランも勝てません。その楽しみをいかに早く、効率的に実現するか。キャンプにハマると同時に、2人してそのテーマをとことん追求するようになりました。

インスタグラムで人気のキャンプ飯って、お洒落な洋食系が多かったりするんですね。手作りのピザ生地に熱々の具材、そこにチーズがトロけてたりすると、やっぱりSNS的には見栄えがいい。なので、そういうメニューを選んだ方が、見てくれている方が喜んでくれたり参考になるんじゃないかって考えたこともありました。でも本音を言うと、一番食べたかったのは、ただただ炭で焼いた海鮮だったんです。とにかくバーベキューコンロで、新鮮な食材を焼きまくる！　こ

れだけで本当に豊かな気持ちになれるからです。

けんも私も、無類の海鮮好きなんですね。お義父さんは函館の漁師町出身で、けんも子どもの頃から、珍しい魚介をたくさん食べて育ったそうです。私も遊びに行くたびに、新鮮な海の幸をたくさん振る舞ってもらいました。海外に出ていた2年間は刺身類がなかなか食べられず、本当に禁断症状が出たこともあります。そしてお義父さんいわく、海鮮のベストな料理法は、やっぱり素材の味をそのまま味わうことなんですね。もちろんチーズをふんだんに使った洋食風の海鮮料理も美味しい。だけど私たち的には、やっぱりコンロで素焼きするのが最高の贅沢です。そこに冷えたビールがあれば、何も言うことはありません。

キャンプ動画を上げはじめてすぐの頃、3回続けて牡蠣を焼いたことがあります。さすがに見てくれている人は飽きるんじゃないかなって。そのときは頭の片隅でちょっぴり考えました。でも私たちは、熱々の焼き牡蠣でビールが飲みたくて今日ここにいると言っても過言じゃない。視聴者さんのために一番食べたいメニューを変えてしまっては、わざわざキャンプに出かける意味がありません。普通に考えれば、笑っちゃうような葛藤ですよね。でも、このとき「3回連続の牡蠣」を貫けたのは、けっこう大きかった気がします。ある視聴者さんからは「やっぱり牡蠣ですよね」みたいな共感コメントもいただきました。結局、食べたいものを食べるのが一番なんですよね。

自分たち軸の最適解は、朝食の本気度

メインの食材は、旬の魚介を選ぶことが多いですね。キャンプ場に向かう前にどこかのスーパーに寄って、鮮魚コーナーでその日のメニューを考える。新鮮な素材がどこでも手軽に買えるのは、北海道在住ならではのメリットです。キャンプの回数を重ねるうちに、魚介も野菜も、季節ごとの旬が何となくわかるようになりました。そういった環境なので、事前にメニューを決め込むことはありません。僕たちのキャンプ飯は基本、炭火でシンプルに焼く。目の前の棚から一番美味しそうな食材を選べれば、それだけで大満足なんです。ちなみに遠方のキャンプ場に行く際には、あらかじめ近くの直売所を調べていきます。そのエリアでしか採れない魚介を見繕うのが、また楽しいんですよ。

たまに視聴者さんから「キャンプ場に着くのがわりと遅いですね」と指摘されることがあります。前日に食材を買っておけば、到着時間をもう少し早められると思うのですが、それは嫌なんですね。その日スーパーの棚に並んだ魚介をクーラーボックスに投げ込み、できるだけ新鮮な状態で楽しみたい。どのみちテントの設営が終わったら、明るいうちからのんびり飲みはじめます。キャンプ場への到着が少しくらい遅くても、全然問題はありません。

ちょっと凝った料理を作るなら、むしろ翌日の朝食ですね。着いたその日は手のかからないバーベキューで素材の味を楽しみ、ゆったり飲んでそのまま就寝。鳥のさえずりで目が覚めたら、しっかり時間をかけて朝ご飯を食べて帰路につく。

僕らの夫婦キャンプは、完全にご飯を軸に組み立てられています。このスタイルは、かなり初期の段階で確立しました。

キャンプで食べるご飯がどんな高級レストランより美味しく感じられるのは、やっぱり自然という背景があるからです。その意味では北海道の風景が持つ魅力も、私にはすごく大きかった。それこそ札幌から1時間ちょっとドライブするだけで、さまざまな絶景に出合えます。

何度目かのキャンプで支笏湖を訪れたときは、心が震えるほど感動しました。深い森を抜けると、すぐ目の前に透明度の高い**カルデラ湖**が広がっています。湖畔にはほとんど人工物がなく、手つかずの自然がそのまま残されている。第2章で私は、あるオーストラリア人から「北海道生まれなんて、あなたはラッキーガールね！」と言われたことをお話ししました。でも実際には、30近くになるまでこの景色を見ずに育った。そのことを深く後悔しました。

さらにに嬉しかったのは、その絶景を事実上「2人占め」できたことです。支笏湖の美笛キャンプ場にテントを張ったときは、大げさではなく、一生ここに住

カルデラ湖

火山の 噴火で大きく丸くへこんだ場所に雨水がたまってできた湖。北海道では洞爺湖、摩周湖、屈斜路湖なども有名。青森と秋田の県境にある十和田湖や秋田の田沢湖も

めたら幸せだろうなとまで思いました。世の中には眺望の素晴らしいホテルや旅館がたくさんありますが、そういう施設に泊まると1泊で何万円もしますよね。でもテント泊なら、1人2000円しかかかりません。しかも最高のレイクビューで、自分たちの好きなものを食べられます。

05

北海道って、世界的にとんでもなくクールな場所

2年間海外に出たことで、地元の美しさを再発見することができた面は大きいと思います。フィリピンの語学学校に通っていた際、「あなたのホームタウンの好きなところを英語でプレゼンしなさい」という授業があったんですね。外国人のクラスメイトがいろんなセールスポイントを並べる中、僕たち2人は具体的な地名すら浮かばなかった。それが悔しかったんですね。帰国したら改めて北海道を回って、いつかは故郷の魅力を海外に発信したいと考えるようになりました。

夫婦でキャンプをはじめて、その希望が期せずして叶ったわけですね。北海道内のキャンプ場をいろいろ回るようになって、まず風景の多様さに驚かされました。道央、道北、道南、オホーツク、十勝、釧路、根室。エリアごとそれぞれ違った絶景があります。雄大な山や川、美しい森と湖、平原、海、すべてが揃っ

ています。

海外生活の終盤、僕とけいとは車でオーストラリアを1周して、有名なビューポイントをたくさん巡りました。エアーズロックやグレートバリアリーフなど、どこも記憶に残る絶景でしたが、それらに比べても北海道は決して引けを取りません。むしろアクセス面では勝ってたりもする。

辛いことも多かった海外生活ですが、故郷の自然の美しさに気付かせてくれただけで、その価値は十分あったと思います。キャンプをはじめてすぐ、僕らは北海道で暮らす幸せを噛みしめるようになりました。

死ぬかと思った極寒の一夜

初キャンプから数か月後にははじめての試練にも直面しています。動画で言うと、2020年11月28日にアップした「【極寒】キャンプ初心者が北海道の冬を甘く見た結果…」という1本。このタイトルにある通り、十分な寒さ対策をしないまま晩秋キャンプを決行して、とんでもない目に遭いました。

そもそもこの日、注文した灯油ストーブが出発までに届かなかったんですね。本当なら、ここで計画を変えるべきでした。実際、前日の夜には2人で話し合って、キャンプ中止を決めています。ところが朝起きてみたら快晴で、根拠もなくつい「いけるかも」と思ってしまった。この時点では降水確率ゼロ。しかも午前中の気温13度で、11月半ばにしては暖かかったことも判断を誤らせました。前にもお話ししたように、冬になって雪が降りだすと、私たち夫婦はしばらくキャンプができません。その焦りもあったんだと思います。「まあなんとかなるっしょ」「行けるうちに行っちゃえ」という話になって、バタバタと家を飛び出しました。

でも結論から言うと、これが大変な間違いだった。

最初はいい感じだったんですよ。設置数が多くはない電源サイトが奇跡的に確保できて、電気毛布が使えることになった。焚き火をしながら久々にきれいな夕陽も見られて、ご機嫌でした。でも夜になると状況が一変します。まず電気毛布がほとんど役に立たなかった。威力が弱すぎて、テントの室内がほとんど暖まりません。しかも考えられないことに、私たちが持っていた寝袋は春夏秋の3シーズンタイプ。冬用じゃなかったんですね。当たり前ですが、周囲のテントサイトはちゃんと防寒していて、みんな楽しそうでした。おでんやうどんを食べて体を温めるものの、室温はどんどん下がっていきます。帰ろうとも考えたが、すでにお酒を飲んでいるので運転ができません。文字どおりの八方塞がりです。

電気毛布を敷いて眠ろうとしたものの、あまりの寒さに夜中は一睡もできませんでした。途中で幻覚まで見えてきて、冗談ではなく凍死するんじゃないかと心配になった。お隣のテントにお願いして隅っこに入れてもらおうかと、本気で考えたくらいです。今にして思えば、11月の北海道でストーブなしのテント泊なんてどう考えてもありえません。

早朝、テントから顔を出してみると、あたりは一面霜に覆われていました。朝日に照らされた地面が銀色に輝く光景は、別世界みたいに美しかった。でも同時に、2人とも冬キャンプはこりごりだとも思ったんですね。少なくとも私たちの知識とキャンプスキルでは、ハードルが高すぎた。ところが2週間後にこの動画をアップすると、それまで以上に多くの人から反響をいただけたんです。再生回数も最大を記録し、チャンネルの認知度が大きく広がるきっかけにもなりました。

このあたりから私たちのチャンネルが本格的にはじまります。1つ1つのキャンプライフは動画をご覧になっていただくとして、次の章からは、私たちが大好きな、キャンプ場、キャンプギア、キャンプ飯など、YouTubeでは断片的に公開しているものですが、はじめて整理してご紹介します。

Chapter 4

世界遺産級の北海道12選
絶景&感動キャンプ場

私たち夫婦が惚れ込んでしまった北海道のキャンプ場をご紹介します。紙面の都合上12ヶ所になってしまいましたが、本音を言うと、どれも甲乙つけがたい。一般的なランキングじゃまったくなくて、セレクトにもかなりヒヌマフウフ節が入っています。独断と偏見で選んだ「これ1位!」なキャンプ場としてお楽しみください!

01

見渡す限り水平線の超絶パノラマ

初山別村「みさき台公園キャンプ場」

数ある北海道のキャンプ場の中でも、私たちが特に大好きな場所。世界遺産の中でキャンプしているかのようです。夏キャンプで何度も訪れています。ポイントは何と言っても雄大なパノラマ感ですね。目の前に広がる日本海が一望できて、晴れた日には対岸の利尻富士（りしりふじ）も見える。はるか北側には稚内（わっかない）半島の先端まで見えて、北海道のダイナミックな地形を体感できます。テントの中から海に沈むサンセットを楽しめるし、すぐそばには天文台もあって、灯りの数が少ないから星空もすごいんですよ。最初に訪れたときは、到着した瞬間から夕方、夜半まで刻々と変化する景色に感動しっぱなしでした。しかも公営だから利用料金は無料！　こんな絶景ロケーションでお金がかからないなんて普通ありえないですよね。温泉施設も隣接していて、海を見ながら入る露天風呂も最高です。

近隣には海産物の直売所もいくつかあって、どこもサービス満点。テントを張った後、店で仕入れた甘エビやホタテをいただくのも毎回のお楽しみですね。近くにあるイチオシの

「梅澤商店」は大正10年創業。ここの一夜干しは、ぜひ一度味わっていただきたい。

名称　みさき台公園キャンプ場
住所　北海道苫前郡初山別（しょさんべつ）村字豊岬

02

カナダの湖畔にいるような幻想的な景色

幌加内町「朱鞠内湖畔キャンプ場」

第1位に挙げた初山別と並んで視聴者さんからのオススメが多かったキャンプ場。最初に訪れたとき、思わず「カナダみたい！」という言葉が出ちゃいました。行ったことありませんが（笑）。自分たちでもバカっぽい感想だと思いますが、それくらい朱鞠内湖の風景は日本ばなれしている。白樺の森と深いグリーンがかった湖面が、きっとそんな印象を与えるんでしょうね。

このキャンプ場の魅力は、湖畔のすぐ近くまで林が迫っていること。人造湖ということもあって、水と緑の境界エリアが狭いんですね。なので樹木のすぐ下にテントを張って、そこからダイレクトに湖を眺めるようなワイルドな雰囲気も楽しめます。車1台がやっと通れる細い道に入っていって好きな寝場所を探すのも、探検っぽくて楽しい。大人気のキャンプ場ですが、入ってみると意外に人の気配が希薄なのも好印象です。大自然を満喫するにはぴったりの場所ですね。

名称　朱鞠内（しゅまりない）湖畔キャンプ場
住所　北海道雨竜（うりゅう）郡幌加内（ほろかない）町字朱鞠内湖畔

03

日本有数の透明度にしびれる

千歳市支笏湖「ちとせ美笛キャンプ場」

1位の初山別、2位の朱鞠内湖はどちらも道北エリア。札幌からだと、車で3〜4時間かかります。一方この支笏湖は、1時間半程度で着いてしまう。アクセスがいいわりに景色が開けていて、手軽に大自然が満喫できるんです。これまで訪れた回数で言うと、たぶんこの美笛キャンプ場が一番じゃないかな。私たち夫婦にとって、ホームグラウンドのような慣れ親しんだ場所ですね。湖畔は砂地のオープンスペースなので、テントを張るのも楽ちん。

湖岸で焚き火をするキャンパーさんが多いので、日が落ちると暗闇の中に点々と炎が並びます。その光景がまた幻想的できれいなんですよ。湖岸には流木もたくさん落ちています。そこに腰掛けて風景を眺めるのも楽しい。カヌーを楽しむ方も多いですね。早朝、マイカヌーから朝日を眺める年配のご夫婦を見たりすると、自分たちもいつか、あんなふうになりたいなって思います。私たちのちょっとした夢ですね。

名称 ちとせ美笛キャンプ場
住所 北海道千歳市美笛

04

星空がエモい丘陵ランドスケープ

富良野町「星に手のとどく丘キャンプ場」

富良野の小高い丘にある、牧場テイストのキャンプ場です。周囲に灯りがほとんどないので、日没後は本当に真っ暗闇。手が届きそうなくらい、夜空が近くに感じられます。流れ星も何度も眺めたことがあります。1つ1つのテントサイトが広々していて、プライベート感があるのも素敵なんですよ。家族経営なので、いつ訪れても、同じスタッフさんが「あ、また来てくれたんだ！」と迎えてくれる。だからリピーターが多く、「北海道で一番予約が取りにくい」と言われるんでしょうね。

牧場なので、動物とも気軽に触れ合えます。羊たちは朝からテントのすぐそばで草を食べていますし、施設内にはウサギと遊べるコーナーもある。あと、ここのジンギスカンは本当に絶品。道外の方には「え？　放牧されてる羊を眺めながらラム肉を食べるの⁉」ってびっくりされちゃうかもしれませんが、本当に美味しいんですよ！　ジンギスカンだけ食べにくる人もいるくらいです。ソフトクリームも売っています。これもまた、私たちのソフトク

名称　星に手のとどく丘キャンプ場
住所　北海道空知郡中富良野町ベベルイ

リーム・ランキング上位に
食い込む逸品です。

05

キャンプと温泉で2度おいしい

有珠郡洞爺湖「仲洞爺キャンプ場」

サミットも開かれた洞爺湖（とうやこ）は、北海道でもっとも有名な温泉街。その湖畔に位置するのが、仲洞爺キャンプ場。ここには日帰りの温泉施設が併設されています。なので湖キャンプを楽しみつつ、源泉掛け流しのお湯にもゆったりつかれる。両方同時に楽しめる場所って意外にないので、すごく貴重です。

キャンプ場としては、朱鞠内湖のワイルドさと支笏湖の親しみやすさを兼ね備えたイメージでしょうか。林間でソロキャンプを楽しむ人もいれば、湖畔で広々とテントを張る家族連れもいて、多様な楽しみ方ができます。私たち的には、車を横付けできる第2サイトがオススメ。でも人気が高くて、すぐ埋まっちゃうんですね。サンセットもきれいなんですよ。対岸には有珠山（うすざん）があって、湖の真ん中には中島が浮かんでいて。夕陽に染まる湖面を眺めながら飲むビールは最高でした。町営なので、1人700円というコスパの良さも魅力ですね。

名称 仲洞爺キャンプ場
住所 北海道有珠郡壮瞥（そうべつ）町字仲洞爺 30-11

06

世界ブランドのパウダースノー

蘭越町「ニセコサヒナキャンプ場」

平原の向こうに、蝦夷富士（えぞふじ）とも言われる羊蹄山（ようていざん）がドーンとそびえるキャンプ場。第1～5位に挙げたのはすべてスリーシーズン用ですが、ここは通年営業です。私たちも自然のいろんな表情を楽しんできました。厳冬期の雪中キャンプも楽しかったですね。雪原に出したコットに寝そべって、雪化粧した羊蹄山の絶景を眺めたり。晴れた日は冷えた空気が透きとおって、輪郭がくっきり浮き上がるんですよ。夏から秋にかけては、ススキ野原が美しい。大人の背丈くらいまで生い茂って、ワイルド感がすごいんです。羊蹄山の向こうに夕陽が沈み、一面が黄金に輝く光景は忘れられません。

あとここは第4位の「星に手のとどく丘キャンプ場」と同じで、テント区画がとても広いんですね。大自然に自分たち2人だけがいるような感覚は、たぶん一番味わえるんじゃないかな。さらにここは各サイトに直火の炉が整備されています。なので焚き火台を出さなくても、がんがん薪が燃やせます。

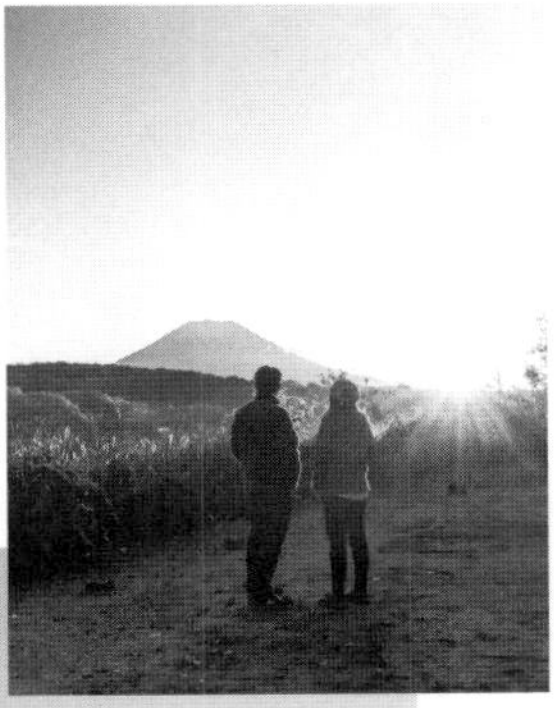

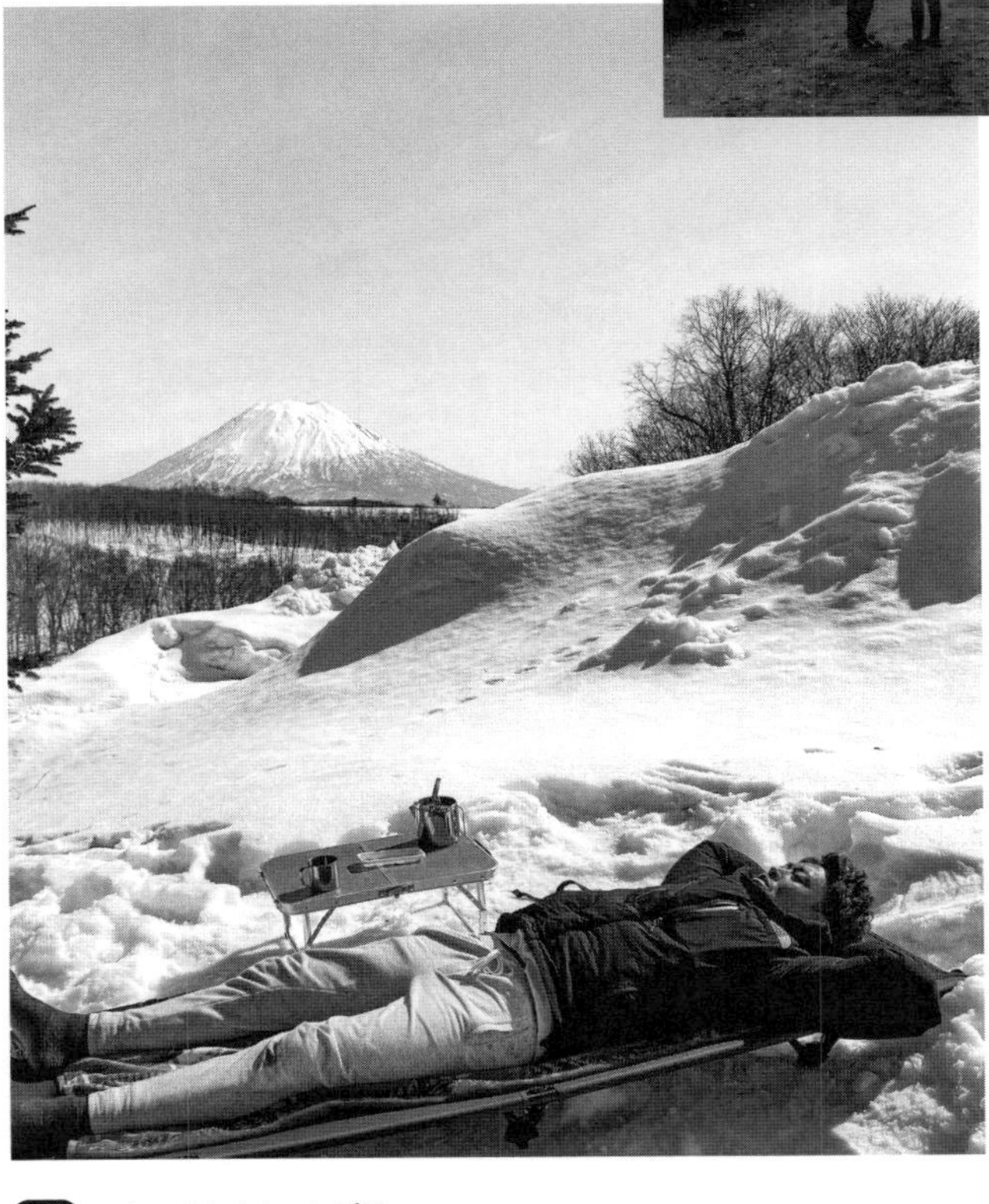

名称　ニセコサヒナキャンプ場
住所　北海道磯谷（いそや）郡蘭越（らんこし）町字湯里 224-19

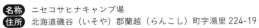

07

札幌に近くて手軽なファミリー向け

千歳市支笏湖「休暇村支笏湖モラップキャンプ場」

支笏湖にはキャンプ場が２つあります。１つは第3位の「美笛キャンプ場」、もう１つがこの「モラップキャンプ場」です。同じ湖なので風景は似ていますが、使い勝手は微妙に違う。ワイルド感のある美笛に対して、モラップのよさはカジュアル感でしょうか。まず札幌からのアクセスがより近い。車だと20分くらいは早く着くので、デイキャンプにもいいですね。ただし、テントサイト内への乗り入れはできません。逆に手ぶらキャンプのプランもあったりして、ファミリー層が多い印象ですかね。

細かいところで言うと、美笛の湖畔は砂浜っぽい感じなんですが、モラップは小石。なのでテントが砂や埃で汚れにくく、手入れが楽なのも嬉しい。家からサクッと行けて絶景が楽しめる場所として、私たちには重宝しています。

名称　休暇村支笏湖モラップキャンプ場
住所　北海道千歳市支笏湖温泉

08

無音の雪中キャンプならココ

札幌市「定山渓自然の村」

市民開放型施設で、通年利用が可能。はじめて雪中キャンプに挑戦した思い出の場所です。市内から車で1時間程度で、公共施設なので料金も安い。敷地も広く、雰囲気も最高にいいんですよ。車はテントサイトに入れないので夏はリアカー、冬はそりで荷物を運び込みます。冬は冬景色を2人占めできたりするんですね。森の中にはモンゴルのゲルをイメージしたテントハウスもあって室内はストーブでぽかぽか。市の施設なので、森の観察会など体験プログラムも充実しています。敷地内には鳥のイラストと名前が入った看板もたくさん設置されていて、これが意外に役に立つ。大好きなシマエナガもかなり高確率で見られます。鹿、タヌキ、ウサギ、リスなど、野生の動物も多く生息していて、朝、テントの近くで足跡を見つけるのも楽しいですね。私たちはこのキャンプ場から帰ってすぐ、動物の足跡図鑑を購入しました。ちなみに私たちがコラボさせていただいたこだわりソフトクリーム屋「ミルクマスタッシュ」さんは、このキャンプ場から車で20分弱です。

名称 定山渓（じょうざんけい）自然の村
住所 札幌市南区定山渓（豊平峡ダム下流国有林野）

グラスフェッドアイスが人気。ヒヌマフウフ史上「これ、1位！」な牛乳ソフトの「ミルクマスタッシュ」

09

豊富なアクティビティ公園の一画

赤井川村「アカイガワ・トモ・プレイパーク」

公営ではないのでちょっとお値段はしますが、しっかり整備の行き届いたキャンプ場。トイレや炊事場などの共有施設もお洒落で、全体的にプチ贅沢感が味わえます。林の緑もすごくきれいだし、何よりここは、芝生の状態のよさが抜群なんですね。きちんと刈り込まれているし、きれいな芝生にゴロンしたくて、ここに行っている感じです。敷地の中には小川があって、せせらぎを聞きながらキャンプできるのもポイントかな。

あと忘れちゃいけないのが、この近くにある山中牧場。キャンプ場から車を走らせて10分ちょっと。この山中牧場のソフトクリームが、本当に最高なんですよ。濃厚なのに後味がすっきり爽やかで、甘ったるさがまったくない！　はじめて食べたとき、あまりの美味しさに人生観が変わったくらい。ヒヌマフウフのソフトクリーム・ランキング、ぶっちぎりの1位です。このキャンプ場とソフトクリームは完全にセットになってます。

名称　アカイガワ・トモ・プレイパーク
住所　北海道余市（よいち）郡赤井川村明治56

実はこちらもヒヌマフウフ史上「これ、1位！」なソフトクリーム「山中牧場」

10

甘エビ、露天、産直販売と日本海の絶景

苫前町「とままえ夕陽ヶ丘オートキャンプ場」

エリア的には、第1位に挙げた初山別の「みさき台公園キャンプ場」の近く。札幌からだと車で30〜40分くらい手前の場所ですね。なので晴れた日には、やっぱり利尻富士が眺められる。「みさき台公園キャンプ場」ほどダイナミックな高低差はない一方で、こちらは海水浴場に隣接していて、広々とした気持ちよさがあります。周りに海産物の直売所が多いのも魅力的です。このあたりは新鮮な甘エビが有名でとても安く手に入るんですよ。札幌のスーパーで売っているものとは、もう甘みが全然違う。甘エビを食べるためだけに、3時間かけてキャンプしに行ってもいいくらい。道民の私たちでも感動するレベルです。真横には「風W（ふわっと）とままえ」という道の駅もあって、キャンプ場から直接入れます。ここでも地域の特産品が買えますし、嬉しいことに屋外露天風呂やサウナルームも併設されています。風力発電の風車がこのエリアのランドマークだそうです。「風W」という名前は、そこから来ているみたいですね。

名称 とままえ夕陽ケ丘オートキャンプ場
住所 北海道苫前（とままえ）郡苫前町栄浜 67-1

11

野営好きも冬キャンプ好きも飽きさせない

札幌市「八剣山ワイナリー焚き火キャンプ場」

2021年秋にオープンした比較的新しいキャンプ場。ここは札幌の中心部から車で約30分と、とにかくアクセスがよい。それでいて四方を山に囲まれていて、雄大な大自然も満喫できる。通年営業で、札幌市内で気軽に冬キャンプを楽しめる点でも貴重な場所です。私たちもこれまで、かなりの回数お世話になりました。

サイトの種類もファミリーエリア、フォレストエリア、ハラッパエリアなど、いろいろあってとても豊富。それぞれの作りも、札幌市内とは思えないほど広々としています。中でもブッシュクラフトサイトは、他のサイトから完全に独立したプライベートエリア。私たちも泊まらせてもらいましたが、ワイルドな野営感があって最高でした。落ちている枯れ木や枝を集めて小さな小屋を作ったり、いろんな遊び方が楽しめるんです。「頂上の岩の峰々が8本の剣に見える」という八剣山も、ここからはばっちり望めます。

名前の通り、キャンプ場の隣にはブドウ畑とワイナリーも併設！　ワイン好きにはたまら

名称　八剣山ワイナリー焚き火キャンプ場
住所　札幌市南区砥山 194-1

ないキャンプ場です。私たちは、ワインに合う食材をいっぱい持参したときには、お昼から飲みはじめちゃうことも。管理棟も兼ねた「八剣山キッチン＆マルシェ」は、お洒落なレストランにもなっていて、屋内で食べるだけでなくテイクアウトも可能。あと、忘れちゃいけないのが、観光名所としても知られる定山渓温泉ですね。ここから車で南に10分ほど。キャンプ翌日は日帰り温泉に入って帰るのも定番コースです。

12

冬季シーズンは満足感がハンパない！

苫小牧市「オートリゾート苫小牧　アルテン」

札幌市内から車で1時間ちょっと。手入れが行き届き設備もしっかり整った、いわゆる高規格キャンプ場です。敷地が広大で、サイト数もかなり多い。夏はファミリーキャンパーでびっしりになるほど人気があります。おすすめシーズンは寒い季節。ポイントは何と言っても、電源サイトの豊富さですね。「寒がりだけど冬キャンプは楽しみたい」というジレンマを抱えた私たち夫婦にはぴったり。厳冬期には電気カーペットを持ち込んで、安心安全なおこもりキャンプを楽しんでいます。ちなみに苫小牧は、北海道でも一番雪の少ないとされる地域なんですよ。降雪量は札幌の4分の1程度。なので冬キャンプ初心者の方にも、ここは最適じゃないかと思います。しかも冬期は利用料が半額に！　雪解けも早いので、いち早く春キャンプが楽しめるメリットもありますね。

敷地内に併設された温泉施設「ゆのみの湯」の存在も見逃せません。清潔で開放感あふれる露天風呂が、とにかく気持ちいいんですよね。温泉やサウナで身体をしっかり温めてテン

名称　オートリゾート苫小牧 アルテン
住所　苫小牧市字樽前 421-4

トに戻ると、寒い夜もぐっすり眠れます。しかもキャンプ場利用者は600円で2泊3日入り放題と、お値段も格安。私たちは毎回きっちり2回入り、大満足で帰路についています。ちなみに苫小牧は、ホッキ貝の名産地としても有名なんです。周辺で大きくて新鮮なホッキを仕入れ、ここで焼いて食べるのが、私たち的には最高の贅沢。

「北海道3大かわいい」の一角
エゾモモンガ、ぜひ生で見てみたい！

野生動物や鳥を身近に感じられるのも楽しみです。天然記念物で、なかなか出合えないクマゲラ。冬になると真っ白な羽毛で覆われるシマエナガ。エゾシカ、エゾユキウサギ、キタキツネ。たまたま目にした日は、来てよかったと心から思います。最近は、鳥の鳴き声や動物の足跡から、どの種類かを当て合うのも２人のブーム。家でバードウォッチングの本を読んだりもしますね。「北海道３大かわいい動物」の一角と言われるエゾモモンガも、ぜひ生で見てみたい！　クマ対策にはかなり気を使っています。熊よけのスプレーやホイッスルを常備。なるべく、きちんと電気柵の張られたキャンプ場を選ぶようにしています。

Chapter 5

私たちには理由がある
２人にとってのスタメンギア

やっぱりいいギアには理由がある。価格に関係なく使ってみたら、もう「ない状態」には戻れないグッズは私たちにもいくつかあります。一番参考にしているのは、やっぱり視聴者さんの意見です。アンケートに協力してもらうこともあります。そうやって精選したスタメンギアを紹介します。

※ここで紹介するキャンプ道具は私物です。仕様は入手時のものとなります。

01

[テント・タープ]

テントは用途別で3つを使い分けている「アルニカ」・「ゼクー」・「サーカスTC MID」「ルピネ」

ギアを買ったら、まずあだ名をつけます。アルニカは『アルル』。2023年の夏にやっと導入できたテントなんです。ずっと欲しかったんだけど、品薄でまったく買えませんでした。ですので、実は初めて買ったテントは、ゼインアーツの「ゼクー」の方が先なんです。通称『ゼクちゃん』。今でも現役で活躍しています。ただ同じ4人用テントでも、『アルル』は構造的により開放感があり、すごく広々している上に、軽くて組み立てやすい。この居住性で20・5キロというのは驚異的だと思います。すべての面がメッシュとの二重構造なので、虫の多い季節でも風通しがいい。タープを持っていかなくていいので、トータルで軽量化を図っている私たちにはもってこいですね。逆に気密性が欲しくなってくるキャンプの季節は、『ゼクちゃん』。雪中キャンプでは結露に強い素材のテンマクデザイン「サーカスTC MID」。『アルル』を主軸に、3つのテントを用途ごとに使い分けています。

タープは最初はTC（ポリコットン）素材から、ポール含めて5キロ程度のサバティカル

「ルピネ」に乗り換えました。

サバティカル／アルニカ

ある日、突然視聴者さんから「今アルニカ売ってます！」とDMが来ました。キャンプ中だったので、テントのことはわからない、けいと母が代わりに購入してくれた思い出も。視聴者さん、けいと母、ありがとう！

サバティカル／ルピネ

ポール含めて約5キロのポリエステル素材。取り回しがとても楽で設営の億劫さから解放されたタープ

ゼインアーツ／ゼクー

サイズはM。YouTube登場回数は、スタメン『アルル』にも劣らない出番の『ゼクちゃん』。九州遠征に連れて行ったり、準スタメン級の活躍ぶり

テンマクデザイン／サーカスTC MID

雪中キャンプの大本命。TC素材なので真冬のシーズンのスタメンテント。幕内の結露には湿度調整ができる素材が最強

02

[チェア]

ハイバックなのに軽量コンパクト

ワンティグリス「ハイバックチェア」

けいとがかなりの腰痛持ち。椅子選びはめちゃめちゃ重要です。いろいろ検討した結果、2021年春にコールマンの「サイドテーブルデッキチェア」を購入しました。定番中の定番だけあって、やっぱり座り心地は最高にいい。ただ、ちょっとかさばるんですね。最近は道外に遠征キャンプする機会も増えてきたので購入したのが、コレです。コンパクトさ重視で選びましたが、実際に使ってみると背もたれが頭まであって、実はすごく疲れにくい。星空を見上げるのには最適なデザインです。

ワンティグリス／ハイバックチェア

焚火でまったりしたり、ポジションを少し変えれば調理しても疲れにくい。車の収納や本州遠征など、まったく不満のない一脚

03

[ストーブ・ファン]

0度でも幕内は自宅並みの暖かさ

アルパカ「TS77」・「クレイモアファンV」

冬キャンプ用の石油ストーブはコンパクトなアルパカ。氷点下5度あたりになりそうなら、より高出力なコロナストーブを使っています。アルパカは最初の冬キャンプで凍えて死にかけたあと入手しました。選んだ理由は片手で持ち運べるコンパクトさと、6・6キロという軽量さ。デザインも可愛い。気温が0度前後ならアルパカ1台で十分に暖かい。サイズが小さいわりには暖房出力3・0kWとかなり高出力で、しかも1回灯油入れると10時間くらいもつんですね。3年以上ガシガシ使っていますが、故障もまったくありません。私たち夫婦が本気で冬キャンプにのめりこんだのは、このアルパカのおかげ。すごく思い入れのある1台です。ただ北海道の1月・2月、完全なる真冬にはパワーが足りない。それで2台目としてコロナストーブも購入しました。こちらは出力が6・59kWと、アルパカの2倍以上ですが、重さも11・2キロと2倍。でもやっぱり圧倒的に暖かい！　気温がマイナス10度を下回っても薄着で過ごせます。

アルパカ／TS77

はじめてキャンプで着火したとき、木枯らしが吹いていても、テント内はポカポカ。大自然の中にいながら「家じゃん！」と大盛りあがりした

寒さ対策といえばファンは欠かせません。北海道では冬アイテム。地べタにマットを敷いて座るお座敷スタイルでは地面付近は暖まりません。このときにファンで空気の対流を作ったのですが、その効果にびっくりしました。

ビーエスアール／クレイモアファン V

デザインで衝動買いしたギア。USB 充電、最大風速で連続７時間バッテリー、自立三脚やフックで上から吊せるなど、機能面でも大満足

04

［マットレス・コット］

快適すぎて昔のマットには戻れない

ワック「リラクシングキャンプマット10cm」・「2WAYフォールディングコット」

心から買ってよかったと思う製品がこれ。ワックのキャンプマットです。厚さ10センチサイズを使っています。実は最初は、同じ製品の8センチを使っていたんですね。でもキャンプにおける睡眠の質って、やっぱり大事じゃないですか。腰痛対策もあって、思いきって買い替えたんですが、これが大正解でした。まずたった2センチの差で、疲れの取れ具合がまったく違います。

10センチの極厚ウレタンは、家のベッドと比べても遜色ないレベル。熟睡できるし身体も痛くならないので、翌日のコンディションがまったく違うんですよね。バルブを開けると自動で膨張してくれるので、設置も簡単です。あと細かいポイントですが、収納バッグがかなり大きめに作られてるんですよ。なので、撤収時にそこまできっちり巻かなくても大丈夫。強いてデメリットを挙げるとすると、車のトランク内でかさばることですかね。8センチの

ワック／リラクシングキャンプマット10㎝

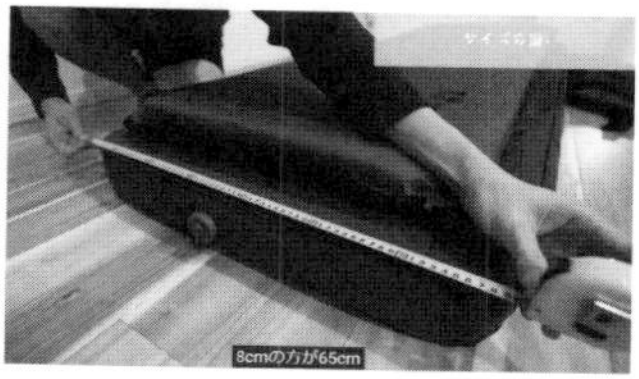

収納袋がゆったりしているので撤収時は楽。８㎝との比較動画でも、厚さと幅がひと周り大きいのがわかる

ワック／２WAYフォールディングコット

布地の張りとコンパクトさは二重丸。重くもなく２人分を車に積んでも隙間に入れられる

方が、収納的にはよいのですが、10センチの快適さを知った今の私たちには、もう後戻りできません（笑）。

シェルタースタイルのときは、同じワックのコットを愛用しています。グラウンドシートを敷かなければ設営撤収も楽ちんです。生地もピンと張ってたわみもないですし、有名な海外製の高級コットの半分以下のお値段なので、相当お得感もあります（笑）。

05

[スリーピングバッグ]

命にかかわるものは、ケチらない

ナンガ「オリジナルシェラフ460」・「オーロラ1000DX」

寝袋は、キャンパー間でも定評のあるナンガ。羽毛量460グラムのものと1000グラムのものを、夫婦それぞれが持っています。使用頻度が高いのは、圧倒的に460ですね。ヒートテック1枚で潜り込んでも、体熱で温まった空気を外に逃さない。冷気も入ってこないし、最初の「ヒヤッ」さえ我慢すればどんどん温かくなって、最終的には汗をかくほどです。キャンプをはじめたての頃、ポリエステルの安い製品を使っていて凍死しかけたので。本格派のナンガを導入したときは、羽毛のパワーに感動しました。

ただ、これもストーブと事情が同じで、真冬の北海道には対応しきれない。それで後から、3000メートルの雪山でも使える1000DXも購入しました。これで「寒くて寝られないかも」という不安からは完全に解放されました。使い方は微妙に違います。寒がりのけいとはファスナーをすべて閉め、紐も縛ってきっちり潜り込むタイプ。けんは逆に閉塞感が苦手なので、ファスナーは全開。湯たんぽや電気毛布を併用しています。

ナンガ／オリジナルシェラフ460

初夏秋の3シーズンはこちらで十分に暖かいのでスタメンシェラフ。羽毛のよさをはじめて知って感謝感激したアイテム

ナンガ／オーロラ1000DX

高価なものなので、最初はけいと用しか買わなかったが、試してみてすぐにけんの分も購入

06

［ガスコンロ］

高火力と安定感がバツグンにいい

イワタニ「タフまるJr.」

ガスコンロは基本、ダブル使いです。長くSOTOのシングルバーナーを愛用してきましたが、最近になってイワタニのカセットコンロも導入しました。もともとダッチオーブンものせられるひと回り大きい「タフまる」が人気だったのですが、「タフまるJr.」はそのコンパクト版です。使ってみて人気の理由が実感できました。

まずコンパクトな上に、とにかく風に強い。2段階の風防が付いていて、火が消えにくい構造になっています。そして何より、家のコンロ並みの高火力です。登山用のシングルバーナーと違って、冬の北海道でもお湯がすぐ沸いちゃう。私たちは朝食に麺類をよく食べます。その際できれば、具やスープとは別に麺を茹でたい。時短にもなるし、何より美味しさが全然違います。

この「タフまるJr.」を導入後、キャンプ飯がさらに楽しくなりました。重さのある鍋やプレートを置いても、しっかり安定してくれるのもいいですね。コスパの面で言うと、ガス缶

イワタニ／ タフまる Jr.

防風の機能と性能は、さすがガス専門のメーカーならでは！
兄貴分の「タフまる」のよいところをすべて引き継いでいる

（CB缶）がどこでも安く手に入るのもポイントです。CB缶は通常、外気温が下がると使えないとされますが、暖かいテントの中で使う分には特に問題ありません。寒い季節にはなるべく外に放置せず、ちょっと面倒でも使う直前に車のトランクから持ってくるようにしています。

07

[調理器具]

折りたためるって、最高の鍋
シートゥサミット「X-ポット」

シートゥサミットは、オーストラリアのアウトドアメーカー。そこが定番で作っているシリコン製のお鍋です。最近は円安の影響もあって、値段が倍以上に上がっているみたいですが、たしか私たちは6000円くらいで購入したんじゃないかな。それでも当時「お鍋1つに6000円も出していいの？」と悩みに悩んだ記憶があります。実際、倹約派の私たちは、最初はお家で使っている鍋をキャンプに持参していました。だけど、それだと取っ手やふたなどやっぱり場所をとってしまう。いろいろ調べてたどり着いたのが、この「X-ポット」なんです。結果、これも本当に買ってよかった。視聴者さんから寄せられる質問が一番多かったのも、たぶんこの製品だと思います。

シリコン素材なので、ペシャンコにつぶせてかさばらない。重量も約320グラムと軽量。何と言ってもこのコンパクトさが最大のメリットです。耐熱性もしっかりとあって、シチューでもおでんでもぐつぐつ煮込めます。もう3年くらい使っていますが、まったく傷み

シートゥサミット／X-ポット

火があたる底面はアルミ製となっており、
軽量化を意識した作りになっている。軽量
コンパクトでヒヌマ飯には欠かせない鍋

ません。私たちはキャンプ飯でよく麺料理を作るので、湯切りができるフタもポイントです。内側に計量メモリが付いているのも、使ってみると意外と便利なんですよね。

08

［クーラーボックス］

視聴者さんアンケートダントツの1位

シマノ「ヴァシランド VL 40L」

2023年の夏キャンプに向けて、2か月ほど悩み抜いて購入しました。価格は3万円台の後半だったかな。それまでホームセンターで買った数千円のクーラーボックスを使ってて、そんな高価な製品は考えたこともなかった。ところがその前年の夏が、北海道も35度になる日もあるような異常な猛暑だったんですね。朝食用にキープしてあった氷がぜんぶ溶けてたり、野菜類がダメになるような事態が増えてきた。私たちのキャンプの目的は、どこまでいっても「いい景色を見ながら美味しいものを食べること」です。新鮮な魚介も楽しみたいし、夏の朝には冷たい麺類もほしい。それで思いきってプロ仕様のものを買う決断をしました。

ただ想定外の高い支出ですから、絶対に失敗したくない。そこでこのときは視聴者さんにアンケートをとらせてもらったんです。1800票くらいの回答をいただきまして、ダントツ1位だったブランドがこのシマノ。釣り業界では圧倒的なシェアを誇り、保冷力がすごい。実際このクーラーボックスが、私たちのキャンプに革命を起こしてくれました。まず肉や海産物の鮮度が違いますし、真夏でもキンキンに冷えたビールが楽しめる。保管した野菜類が凍っていることすらあります。

使い勝手もいいんですよ。例えばフタが両開きなのはもちろん、フタ自体を取り外せます。家のシンクで洗う際、蛇口に引っかからないのですごく便利。エントリータイプですが、1〜2泊のキャンプが多い私たちにはこれでも十分です。

シマノ／
ヴァシランド VL 40L

最後は実際に扱い店舗まで見に行って、店員さんの説明を聞いて購入。両開きで開閉でき、しかもすべて外せる蓋といい、保冷力といい、釣り具メーカー製はキャンプとの相性がいい

09

［調理器具］

見た目も機能も性能も革命的感動ギア

ジェイエイチキュー「鉄板マルチグリドル」

これもまた、私たちのキャンプ飯に革命を起こしてくれた調理ギア。お皿としても使える「鉄板マルチグリドル」です。アルミニウム合金に特殊なフッ素樹脂加工がされていて、とにかく焦げない！　使用後も、キッチンペーパーなどでさっと拭くだけで汚れがとれます。焼き調理したものをわざわざお皿に移さず、熱々の状態で食べられるのもいいんですよね。焼きそばとか串焼きとか、そのままの状態で出してもさまになる。見た目がお洒落なので、かえって料理の見栄えがよくなるくらいです。私たちが愛用しているのは底が浅めのフラットタイプで、25センチのもの。それでもまっ平な鉄板よりずっと高さがあるので、野菜の素揚げくらいなら大丈夫。これを使って、家族や友だちと一緒にホルモン焼きをつついたりもします。そうそう、一度はもんじゃ焼きにも挑戦しました。真ん中にオリーブオイルを入れて、アヒージョを楽しむ人もよく見ます。キャンプでは、このマルチグリドルとシリコン鍋があれば、ほとんど事足りる。それくらい優れた万能選手です。

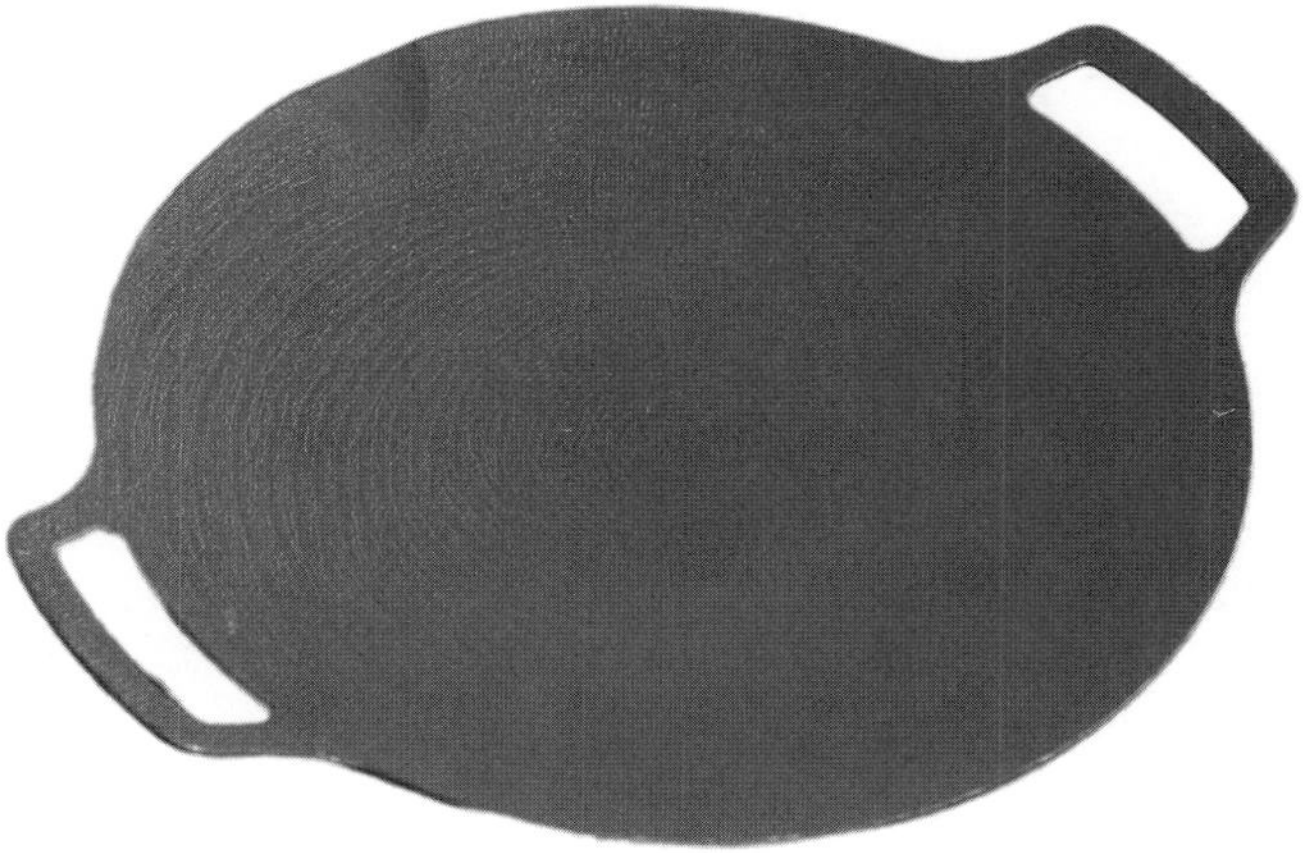

ジェイエイチキュー／
鉄板マルチグリドル

調理器具と盛り付け食器を兼ねた1台2役で高コスパ。一大ブームになったのもよくわかるギア。しかも映えるし、熱々をキープできるなど感動ギアの1つ

10

［ランタン］

個性の違う炎のゆらぎがたまらない「スパイロー」・「オイルランタン」・「ルミエール」・「ノクターン」

キャンプには必ず、ランタンを複数持っていきます。これは照明用ではなく観賞用。柔らかい光にぼんやり照らされていると、心が落ち着き、癒やされるんですよね。キャンプにハマって以降、火を眺める時間を日々の暮らしでも大切にするようになって。家の中でもときどき、キャンドルを灯したりするようになりました。

ワンセカンドの「スパイロー」は、手の平に収まるLEDランタン。光り方の種類がいくつかあって、本体を回すとモードを切り換えられます。1回の充電で1日もってくれるのも嬉しいですね。キャプテンスタッグの「オイルランタン」は、本物の火の灯り。テーブルに置くだけじゃなく、フックに引っ掛けることもできます。アンティーク風のデザインとブロンズの色合いが気に入っていて、LとSの2サイズを持っています。コールマン「ルミエール」とスノーピーク「ノクターン」の2つは、小ぶりなガスランタンの定番中の定番。オイルランタンと違って燃料を注ぎ足す手間がいらず、長時間使える手軽さが魅力ですね。

写真左から

キャプテンスタッグ／オイルランタンLとS
コールマン／ルミエールランタン
スノーピーク／ノクターン

どれも観賞用として楽しんでいるランタンたち。キャンプだからといって、機能性能だけでなく、心を満たすアイテムも持っていきたい

ワンセカンド／スパイロー

キャンプに行けない時は家のベッドサイドに置いて、寝る前に焚き火気分を味わっている。LED なのにこの余韻がたまらない

11

［ポータブル電源］

気兼ねなく電気が使える高出力なやつ

エコフロー「イーエフデルタ」

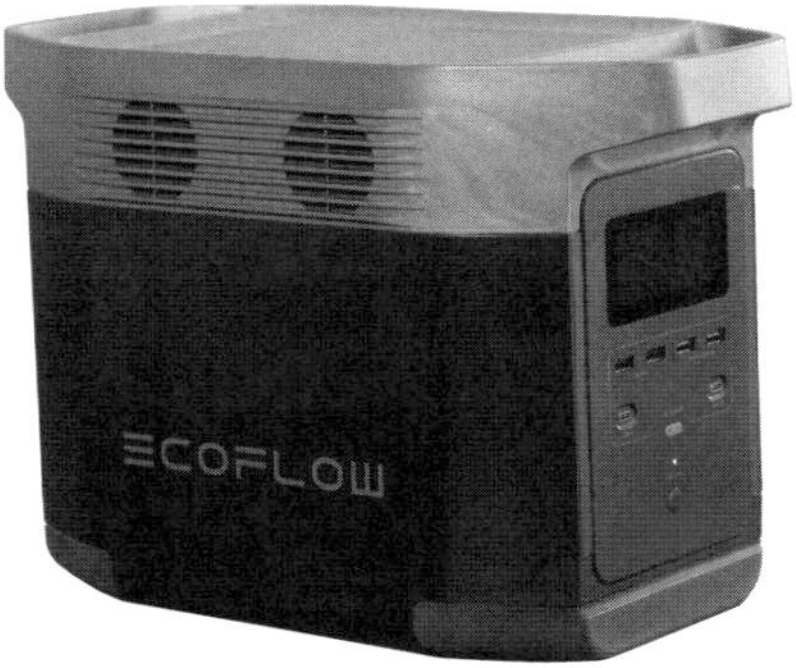

エコフロー／イーエフデルタ

USBポートもあって、カメラなどの撮影器具やスマホにも便利。車に積んでおけば長期のキャンプ旅行や災害への備えとしても安心

初代のバッテリーは、定格出力が700Wで電気毛布を使う際にはビビってました。しかも気温が低いと、バッテリーの減りって早いじゃないですか。「冬の北海道で700Wじゃ全然足りない」という視聴者さんが大半で、1600Wに替えました。そうしたら、電気毛布でもドライヤーでも気兼ねなく使え、充電の速さにも驚き。0％から80％の状態まで1時間でチャージできる。電源サイトですぐ電気がとれるし、ドライブ中の充電も簡単です。

12

LED
ランタン

小さく、明るく、長持ちを併せ持つ

ルーメナー「ルーメナー2X」

純粋にビデオ撮影用の照明。夜のテント内って、照明が明るいほど画質がよくなる。コンパクトなのに最大明度が1500ルーメンあり、色味は「昼光色」「昼白色」「電球色」の3種類。私たちは表情が柔らかく写る暖色系の電球色を使っています。三脚を立てて使うことが多いけれどロープに引っ掛けたり、ファブリックの表地とマグネットで挟むことも可能。ランタンの灯りでは足りないときに、室内灯として使えるのも便利です。

ルーメナー／ルーメナー 2X

撮影用として、こちらは実用性重視。光量やバッテリーの持ち具合など申し分ない性能。大きさもポケットサイズなので取り回しも便利

動画も静止画も独学
自然の美しさや空気感を表現したい

撮影・編集は、僕（けんたろう）の担当。Web 上にある解説動画などを参考に独学で身に付けました。もともと凝り性だしカメラ機材も好きなので、作業は楽しいですね。一時期はドローンを使った空撮にもはまっていました。ただ、最近はむしろ撮りっぱなし。撮影も編集もあまり手をかけない、自然の美しさやキャンプの空気感が伝わる仕上がりを意識しています。メインのカメラは、ソニーのフルサイズミラーレス一眼。レンズは単焦点、広角ズーム、望遠ズームなど４つを使い分けています。あとはサブカメラとして、パナソニックのミラーレス一眼カメラも併用しています。

Chapter 6

逆転の発想
ヒヌマフウフ的外メシレシピ

熱い物を冷たく、キャンプ飯界の二刀流的食べ方、夜と朝の手の抜き方と手間のかけ方、食材に手を触れないなど、ヒヌマルールがあります。数あるレシピの中でも、何度もリピートしているベスト オブ「これ1位！」から10選をご紹介します。再現しやすいので、ぜひ作ってみてください。

01

飲んだ翌朝にぴったりの簡単冷やし朝ラー

「サッポロ一番アレンジ塩ラーメン」

キャンプの朝、私たちはよく麺類を食べます。着いた日の夜は、2人でおしゃべりしながらけっこう飲むので、翌朝はちょっぴり塩気の利いた汁物がほしくなる。中でも真夏の鉄板メニューになっているのが、インスタントの袋麺に一手間加えたこの料理です。

ベースは定番「サッポロ一番 塩らーめん」。作り方は超簡単で、まず麺を普通に茹でて冷水で冷やします。次に粉末スープを少量のお湯で溶き、ボウルに入れた氷水と混ぜて、冷製スープを作る。そこに輪切りのレモン、サラダチキン、白髪ねぎ、メンマなどの好きな具材をのせます。仕上げにたっぷりゴマを振ったら完成。

ピリ辛が大丈夫なら、鷹の爪をちょっぴり入れると味がギュッと引き締まります。レモンの代わりにすだちを使っても美味しいですね。柑橘の酸味とスープの塩味が、二日酔いを吹き飛ばしてくれます。簡単だけど、朝からかなりリッチな気分になれる一品。

サッポロ一番アレンジ塩ラーメン

●材料

サッポロ一番塩ラーメン…(人数分)

A レモンかすだち…適量
既製のサラダチキン…適量
既製のメンマ…適量
白髪ねぎ…適量
白ごま…適量

●作り方

1 麺を茹でて冷水で締める
2 粉末スープを少量のお湯で溶いて冷水を加える(300ml～お好みで)
3 Aと合わせて盛り付ける

02

わずか数分で完成する、本格的居酒屋メニュー

「本マグロユッケ」

私たちのキャンプ動画で一番よく登場するオツマミです。手間も時間もまったくかかりません。テントの設営が終わったらまずは1杯飲みたい。でも火を使う料理だと準備が大変じゃないですか。だからとりあえず、このマグロユッケなんです。まずマグロのお刺身をぶつ切りにして、お醤油に5分ほど漬け込みます。そこに卵黄をのせて、仕上げにゴマをぱらり。たったこれだけで、本当に幸せな気分になるんですよ。

キャンプでは甘めの九州醤油で漬けることが多いですね。ポイントは海苔で巻いて食べること。これは2人の持論なんですが「どんな食材も海苔でぐるっと巻いちゃえば、豪華な居酒屋料理っぽくなる！」。救世主として、海苔はクーラーボックスに常備しています。お刺身は極力、本マグロの赤身ですね。正直、ヅケにしちゃえば安めのマグロでも十分に美味しい。でもそこは、ちょっとしたこだわりなんです。「死ぬ前に何か1つだけ食べられるとしたら？」と聞かれたら、答えは2人とも本マグロで一致しています。

本マグロユッケ

●材料

刺身用マグロ…(切り落としでもなんでもお好みで)
九州醤油…(普通の醤油と酒とみりんで煮切ってもOK)
海苔…適量
A ごま油…適量
生卵…適量
白ごま…適量

●作り方

1 マグロを5分程度醤油に漬ける
2 **A**を合わせて盛り付け、海苔を添える

03

どんぶりと茶漬けで二刀流を楽しむ

「ゴマ鯛茶漬け」

アイデアのきっかけは、久原醤油さんの「あごだしごま醤油」を手に入れたこと。サイズも小ぶりだし、キャンプに持参するのにぴったりなんですね。さて、これを使って何を作ろうかと考えたときに、ふと思いついた料理です。はじめて作ったとき、けんがひと言「料亭だぁ……」とつぶやきました。私たち夫婦の中では、ちょっとした伝説になっています。

作り方は基本、マグロユッケと同じですね。まずスーパーで買ってきた鯛のお刺身を、ごま醤油に5分ほど漬け込みます。それをしそ（大葉）を敷いたご飯の上にのせ、好みで追いゴマをして刻み海苔を盛ったら完成。締めの一品にも最適ですが、私たちは朝食に作ることが多いかな。半分は普通に食べて、残りはお茶漬けにしています。熱湯に市販の出汁パックを浸しておくだけで十分。たっぷり飲んだ翌朝は、やっぱり汁物がほしくなる。これなら2通りの楽しみ方ができて、豊かな気分になれますね。

ゴマ鯛茶漬け

●材料

鯛の刺身…適量
久原醤油の「あごだしごま醤油」…適量
出汁パック…1袋
A 白ごま…適量
刻みねぎ…適量
しそ…適量
お好みのお出汁…適量

●作り方

1 鯛を5分程度「あごだしごま醤油」に漬ける
2 出汁パックに熱湯を注ぐ
3 ご飯とAと合わせ盛り付ける
4 お出汁を注ぐ

04

土鍋で炊いて、大量の薬味でいただく幸せ

「シャケときのこの炊き込みご飯」

最近のキャンプでは、土鍋でご飯を炊くのにハマっています。家では普通に炊飯器を使いますが、正直土鍋の方が断然美味しい！　火にかけちゃえば後は何もしなくていいし、いろんな具材と炊き込むのも簡単。特にシャケときのこの組み合わせは、定番中の定番です。まず研いだお米にお醤油と顆粒出汁を少々。その上にシャケの切り身、きのこ、スライスしたたっぷりの生姜を置いて火にかける。途中で具材は動かさず、ご飯が炊きあがったらざっくり混ぜて完成です。ポイントは具と一緒に塩昆布を入れること。調味料の配分が目分量でも、これが入ってれば味がビシッと決まる。塩昆布は、最強の万能調味料です。

あえてこだわりを言うと、最後に三つ葉と刻み海苔を多めにあしらうことかな。「とにかく薬味はケチらない」。私たち夫婦のポリシーです。薬味って、少量でもけっこう高くつくじゃないですか。でも、それがあるとないとでは気持ちの豊かさも、見た目の豪華さも全然違う。薬味はうず高く積み上げたい！　そこに命懸けてる感じすらありますね。

シャケときのこの炊き込みご飯

●材料

お米…適量（２人前１合程度）
シャケ…適量（１人前１切れ程度）
醤油…少々
お酒…少々
顆粒出汁…少々
しめじ…適量
塩昆布…適量（１人前10ｇ～お好みで）
生姜半欠けをスライス
A 刻み海苔…適量
　三つ葉…適量

●作り方

1 浸水したお米に調味料とシャケ、しめじ、塩昆布、生姜をのせて炊く
2 Aを合わせて盛り付ける

05

鴨とねぎの最強のタッグが翌日の活力に

「鴨南蛮そば」

もしかしたら一番頻度が高い朝食メニューかもしれません。鍋にごま油を引いて、鴨と長ねぎを炒める。鴨は炒めすぎると硬くなるので、火が通りきる前に取り出しておく。鍋の脂がいい感じで滲んできたら、水を入れて煮立てる。長ネギがくたっとしたら、めんつゆで味を調え、取り出した鴨を鍋に戻して茹でたそばを加えて完成です。

味付けはシンプルですが、鴨と長ネギのスープは深みがあって胃にもやさしい。薬味には、三つ葉をたっぷり。柚子皮があると風味が増して、一気にゴージャスな味わいになります。おそばと出汁（めんつゆでＯＫ）は、必ず別のお鍋で茹でています。コンロを２つ使うのが少々面倒ですが、その方が絶対に美味しい。

「夕食は手をかけず豪華に、朝食は手をかけて丁寧に」。夫婦なりのキャンプ飯ポリシーなんです。夜は海産物やお肉を焼くだけのことが多いんです。でも翌朝はちょっと凝ったものを作るのが逆に嬉しいんですよね。

鴨南蛮そば

●材料

そば…人数分
鴨肉…お好みのスライスで
（合鴨でＯＫ）
長ネギ…適量
ごま油…適量
めんつゆ…適量
A 三つ葉…適量
　柚子皮…適量

●作り方

1 鴨肉とネギをごま油で炒める。鴨には火を通しすぎない
2 1の香りが油に移ったらめんつゆで味を調整
3 別の鍋で茹でたそばを盛り付ける
4 Aをお好みで盛り付ける

06

梅の酸味が夏の二日酔いにやさしい

「冷製梅豚しゃぶそうめん」

酒呑みなものですみません。これもまた、二日酔いの朝にはぴったりのメニュー。冷たくて食べやすいし、梅干しの酸味が疲れた胃にやさしいんですよね。私たちはいつもレモンサワーを飲むので、クーラーボックスには必ず氷が入っています。それを適量とっておいて、翌朝この「梅豚しゃぶそうめん」を作るのが、夏キャンプのお約束なんです。

まず豚しゃぶ肉を湯通しして、氷水などで冷まします。次にそのお湯でそうめんを茹で、同じく水にさらす。スープは簡単に、めんつゆベース。それを氷できんきんに冷やし、熱をとったそうめんの上に豚肉、梅干しをのせて。ごま油をちょろっとたらし、薬味のかいわれ大根、小口ネギをあしらいます。

この最後のごま油が、私たち的にはけっこう重要。さっぱり味にちょっと中華風の味わいが加わって、食欲を刺激してくれます。

冷製梅豚しゃぶそうめん

●**材料**

そうめん…人数分
氷…適量
梅干し…適量
しゃぶしゃぶ用スライス豚肉…適量
めんつゆ…適量
A ごま油…適量
かいわれ大根…適量
小口ねぎ…適量

●**作り方**

1 豚肉を湯引きして、そうめんを茹でる
2 氷水で締める
3 めんつゆに2と**A**を盛り付ける

07

さっぱり＆スパイシーで胃もたれ知らず

「無水トマトカレー」

ヒヌマ家では、「カレーは夫が作る」という掟があります。もともとけんは大のカレー好き。でもけいとは、重たいカレーはそこまで好きじゃない。そんなけいとのためにけんが考案したのが、この「無水トマトカレー」なんです。ヘルシーで食べやすく、女性にも罪悪感ゼロ。家の食卓にもしょっちゅう出るし、お手軽なのでキャンプ飯としても重宝しています。

作り方は、まずお鍋に油を引いてひき肉を炒める。火が通ったらそこに、みじん切りにした玉ねぎを投入。蓋をして、弱火でじっくり煮込みます。この際、野菜の水分のみ。水は加えません。トロトロになったらトマト缶を汁ごと入れ、カレーのルーをひと欠けだけ入れます。ルーが溶けて、味が馴染んだら完成。ほんのりとカレー風味に、玉ねぎの甘みとトマトの酸味が絶妙に溶け合って、2人とも大好きです。こだわりのポイントは、カレーの上ににんじんとピーマンの素揚げをのせること。別にフライパンを用意し、たっぷりの油で揚げ焼きっぽく仕上げます。色のコントラストもきれいで、ほしくなるんですよね。

無水トマトカレー

●材料

ひき肉…適量(牛、豚、合い挽きなどなんでもOK)
玉ねぎみじん切り…1個分(中玉程度)
トマト缶…1つ(ホールでもカットでも可)
市販のカレールー…ひと欠け(お好みで)
にんじん…適量
ピーマン…適量

●作り方

1 ひき肉を炒め、みじん切り玉ねぎを弱火で蒸し焼きに
2 1がトロトロになったらトマト缶を汁ごと投入
3 水気が飛んだらカレールーを入れる。馴染んだら素揚げのにんじんとピーマンを盛り付ける

08

わずか5分の〝映えメニュー〟

「もも生ハムクリチ」

旬の桃を使った、季節限定のキャンプ飯。スーパーの店頭で美味しそうな桃を見かけて、パッとひらめきました。作り方は超シンプル。カットした桃にクリームチーズをのせ、生ハムで巻いて、最後にバジルをあしらうだけ。ハーブは味のアクセントになるし、ピンクと緑のコントラストに気分も上がります。「桃とチーズ」「桃と生ハム」のおつまみはSNSでわりと見かけますが、3つすべてを合わせてもすごく美味しんですよ。桃の爽やかな甘みと、クリチの濃厚さ、生ハムのしょっぱさの組み合わせが絶妙です。

これも「マグロユッケ」と同じで、キャンプ場に着いて最初に作ることが多いですね。5分もかからないので、すぐ飲みはじめたい私たちにはぴったり。ここで手間暇をかけちゃうと、今度はサンセットが迫ってきちゃいますから。2人でのんびり夕陽を眺める時間が、私たちにとってはキャンプの1つのハイライト。それまでに焚き火の準備もしなきゃいけない。サイト設営の忙しい合間を縫って簡単に作れる前菜です。

もも生ハムクリチ

●材料

桃…1個
フレッシュバジル…適量
クリームチーズ…適量
生ハム…適量

●作り方

1 くし切りした桃にクリームチーズをのせる
2 1に生ハムを巻く
3 2にバジルを添える

09

道民のソウルフード〝西山ラーメン〟と貝スープ
「あさり出汁ラーメン」

さっぱりしたあさりの出汁を使ったラーメン。簡単で手間いらずなので、夜の締めにも、飲んだ翌朝にも両方いけるメニューです。

まずは砂抜きしたあさりを、お酒と水で煮る。そこに塩を一つまみ。味を見て、薄ければ塩を足すか、ちょっぴり顆粒の鶏ガラを入れてもいいですね。スープは基本これだけ。

麺は、道民ご用達「西山製麺」の黄色縮れ麺。私たちは毎回必ずこれを使っています。スープとは別茹でして、これをスープに入れて調えて、薬味に白髪ねぎをたっぷりのせて完成。チャーシュー、煮玉子、メンマなど具があればベターですが、あさりだけのシンプルバージョンもいいんですよね。貝類なら何でも大丈夫。あさりの代わりに、しじみやはまぐりを使っても美味しく仕上がります。

あさり出汁ラーメン

●材料

西山製麺のラーメン…人数分
あさり…適量
塩…適量
お酒…少々
鶏ガラスープの素…適量
トッピング…お好みで
(チャーシュー、煮玉子、メンマ、白髪ねぎ)

●作り方

1 砂抜きしたあさりを酒で煮る。塩と鶏ガラスープはお好みで
2 火が通ると貝が開くので、身が硬くなる前に一度取り出す
3 別茹でしたラーメンを1に入れて調える
4 あさりを戻し、お好みのトッピングを盛り付ける

10

まったく手が汚れない、磯の香りを堪能
「ひとくちトビチー」

私たちが主催する「居酒屋お景」イベントでも前菜でお出しした一品。視聴者さんの中にもご存知の方が多いかもしれませんね。これもまた、時間要らずで本格的な居酒屋っぽさが味わえるところがポイント。「とりあえず海苔で巻く」というヒヌマスタイルが、いかんなく発揮されています。

クリームチーズは個包装ではなく、ヨーグルトのようなパック入りのタイプがおすすめ。そこに「とびっこ（トビウオの魚卵の醤油漬け）」をどーんと入れてかき混ぜ、海苔で巻くだけです。薬味は細切りにしたしそと、カツオ節を少々。「とびっこ」をあらかじめ少量取り分けておき、最後にトッピングすると、居酒屋感が一気に高まります。食材をほとんど触らなくていい。テントを張ったり焚き火の準備をしたりすると、けっこう手が汚れます。この料理はプラスチックの容器に入った「とびっこ」とクリームチーズをメスティンに移すだけ。包丁も要らないしお皿もたいして汚れないので、前菜にはぴったりです。

ひとくちトビチー

●材料

「とびっこ」…1梱包
クリームチーズ…1個(容器入りがおすすめ)
海苔…適量
しそ…適量
カツオ節小パック…1包

●作り方

1 クリームチーズの容器に「とびっこ」を混ぜ合わせる
2 海苔に1をのせ、しそとカツオ節を盛り合わせる

COLUMN 3

ふにお

みるる（よつ葉乳業キャラクター）　シマ（シマエナガ）

ぬいぐるみは心の友だち
シマ、みるる、ふにお。鉄壁のスタメン

私（けいと）にとって、ぬいぐるみは心の友だち。第１章でもお話ししたようにわが家は母親が働きに出ていたので、小さい頃から大切なおしゃべり相手でした。今もキャンプには必ず連れていきます。ここでご紹介するのは、そのレギュラーメンバーたち。シマ（シマエナガ）は最近は全国的にも大人気で、キャンプ場に行くと車のフロントに置かれている方も多いですね。シマ談義で盛り上がったりします。みるるは、よつ葉乳業さんのマスコット。一度コラボさせていただいたときに、大ファンになって。ふにおは「日本一気持ちいい」と言われている抱き枕。旭川のホテルで見つけて、一瞬で恋に落ちました。

Chapter 7

“視聴者さん”は
先輩であり友だちであり

この本のために親愛なる“視聴者さん”（＝ヒヌマー）のみなさんにご協力いただき、特別アンケートを実施しました。テーマは「あなたの記憶に残った動画はどの回ですか？」。ランキング上位５本を、ちょっとした裏話つきでご紹介します。どれも私たち２人にとって、思い出深いものばかりです。

01

【極寒】キャンプ初心者が北海道の冬を甘く見た結果

2020年11月28日公開

視聴者さんが選ぶ「思い出の動画」。ダントツの1位はこちらでした。気軽な秋キャンプを楽しむつもりが、防寒対策が甘すぎて凍死しかかった回。第3章でもお話ししましたが、文字どおりヒヌマフウフの転機になった1本です。

このときは、とにかくもう本気で寒かった！ お隣のテントに入れてもらおうかって、2人で真顔で話し合ったくらいです。11月の北海道でストーブも用意せず、電気毛布と湯たんぽのみでテント泊するなんて、今じゃ考えられません。知識もキャンプ動画を投稿しはじめてまだ3か月くらいの頃。知識も経験も全然乏しかったんですよね。早朝の冬景色は美しかったけれど、「もう冬のキャンプはこりごり……」と思った。正直、キャンプ自体が嫌になりかけました。その気持ちを変えてくれたのが、視聴者さんの温かいリアクションです。

〈コメント欄より〉

「凍死しなくてよかったです」
「夫婦の仲が良くて、見ててほっこりします」
「初心者なので共感できることが沢山あります」
「電源あってもこういうこともあり得るんですね」
「カッコつけずに失敗と感動とホッコリする動画です」
「キャンプの怖さ、楽しさ全部ある感じします」

先輩キャンパーさんからは、有益なアドバイスもたくさんいただきました。そういうやり取りがなかったら、冬キャンプへの再チャレンジもなかったと思います。コメント欄で多くの方が「えび天」について触れてくださったのも印象的でした。極寒の中、私たちが震えながら「緑のたぬきの天ぷらは、ひたひた派かサクサク派か」を論じ合っていたのが、妙におかしかったみたいですね。

02

【感涙】ついに夢が叶いました

2023年3月30日公開

第2位は2023年の熊本〜宮崎キャンプ。タイトルを挙げたこの動画だけでなく、出発から最終日まで計8本をアップしています。今思い出しても、感動がいっぱい詰まった九州旅でした。

たしかに2人とも目が尋常じゃなくキラキラしています。まず1つ大きかったのは、自分たちのテントを目的地まで飛行機で運んだこと。3年前は何もできなかった私たちが北海道を遠く離れ、憧れていた阿蘇山麓でキャンプをしている。その事実に、自分たちが一番驚いていた気がします。外輪山の尾根をたどるミルクロードを走っていて、阿蘇の絶景が見えてきたときの高揚感は忘れられません。思わず変なメロ

ディーを歌ってしまったのも、空に向かって「阿蘇〜！」と叫んだのも、最高の思い出です。

〈コメント欄より〉

「その地のものを飲んで、食べて、人に出会い、景色や風に触れて……。五感で味わう旅の醍醐味ですね」

「おふたりに九州楽しんでもらえて、たくさん褒めてもらえて私も九州をもっと好きになりました」

「いつも通る道やヒライ、『いきなり団子』に阿蘇の景色をとても褒めて頂きとても嬉しいです。慣れすぎて絶景と思ってなくて、改めて誇らしく感じました」

「二人が阿蘇の絶景一つ一つに感動しているところを見て、私も同じく感動しておりました。馬刺しも超美味そうでした」

「阿蘇大好き♪って言葉、阿蘇山も喜んでるでしょうね」

地元の方から温かいコメントをたくさんいただけたのも、本当に嬉しかった。行ってよかったと心から思えた旅でした。

03

【神回】キャンプ×五右衛門風呂 温度調節ムズすぎたけど

2022年3月3日公開

3位に選んでいただいたのは、念願の五右衛門風呂に入った回。場所は大人の贅沢な雪遊びがコンセプトの、「ワンダーランドサッポロ」ですね。

2人とも、ドラム缶のお風呂は昔からの憧れ。しかも一面の雪景色とあって、2人とも終始ハイテンションです。思い出すのはやっぱり、温度調節が難しかったことかな。お湯に突っ込んだ右足は超熱くて、左足は冷え冷え。そんなアンバランスな姿勢から一歩も動けなくなっちゃって。慌てて雪を足してみたり。大騒ぎしたのを覚えています。澄んだ青空と白樺も本当にきれいでした。しかもドラム缶のレンタル料金は、薪が1束ついて1日たった3000円。私たち、「安い

のにこんなに豊かな気分」という感覚が心底好きなんですね。このときも、どんな高級温泉より贅沢だと2人で盛り上がりました。

〈コメント欄より〉

「冬キャンプでドラム缶風呂なんて最高ですね！　見ているこちらも『ふぅ〜』ってなりました」

「片方がドラム缶風呂に入ってやり取りしている姿がシュール過ぎていいですね。お二人の仲がたいへんいいのがよくわかる素敵な動画でした」

「ドラム缶と一体化したケンさんにジンギスカン食べさせてるとこ爆笑しましたわ。新種の生物みたいです！笑」

「シマエナガ見れて良かったですね！　感動して涙が出そうなお二人を見て…私がウルってなりました。」

本物のシマエナガをはじめて見たのもこの回です。感動して泣きそうになっている私たちを見て、多くの視聴者さんが自分のことのように喜んでくださったのがまた、すごく嬉しかったです。

04

夫の誕生日に本気のおうち居酒屋でサプライズしてみた

2021年6月26日公開

第4位は唯一、キャンプ以外の動画。けんの誕生日に、けいとがサプライズでおうち居酒屋を開店した回です。

時期的にはちょうど、新型コロナウイルスで3回目の緊急事態宣言が出ていた頃。世の中全体が重々しい空気に包まれていました。特に私たち夫婦は、2人とも医療現場と繋がる仕事をしています。自分1人が感染すると、職場全体の機能が停止しかねません。いろんなリスクを考えると、ほぼ外食もできなかった。そのストレスもあって、何か楽しいことをしたかったんでしょうね。けんの誕生日を、2人でどれだけ面白く祝えるか。純粋にそれだけを追求していたと思います。

当時の職場の同僚にもいろいろ相談したんですよ。みんな、

自分のことのように面白いアイデアを出してくれました。大将風の青いハッピは、職場の先輩が100円ショップで見つけてくれたもの。居酒屋の暖簾は布を切って、マジックで「やきとり」と書きました。

〈コメント欄より〉

「サプライズの本気度がすごい。仲睦まじくて理想の夫婦です〜」

「大将…いやお景はんとケンタロウさんとのお二人の絶妙なかけ合いと間がすごく楽しくほっこりとしていて、終始ニヤニヤしながらいくらでも見ていれそうです」

「誕生日にこんなことされたら惚れ直してしまいますね」

「次の夫の誕生日に焼鳥居酒屋やってみます」

「焼き鳥屋台『お景』最高です。大将は、最後にはお客さんになっちゃうんですね」

たぶんこの時期、多くの人が同じ辛さを感じていたんだと思います。この動画を見て自分でも「おうち居酒屋」を実行した視聴者さんから、たくさん写真を送っていただきました。それもまた、フウフの宝物です。

05

【夫婦キャンプ】念願の朱鞠内湖キャンプは大雨でも最高だった

2020年10月3日公開

第5位は、私たちが大好きな朱鞠内湖で、はじめてキャンプしたときの動画。第1位の動画よりさらに前、ヒヌマフウフ最初期の1本です。

初心者特有のワクワク感が笑っちゃうほどダダ漏れになっています。まず、札幌から旭川方面まで遠出してキャンプするのが初体験。北海道でも1、2を争う人気のキャンプ場に泊まれるワクワク感も大きかった。何より、日本とは思えないほど澄んだ湖と緑の美しさに感動しました。そして私たちが本格的なハプニングに遭遇したのも、実はこの回からなんですよね。夕食に、メスティンで明太高菜ご飯を作っていたら大雨が降ってきまして。地面と平行に張っていたタープに、

思いっきり水がたまってしまった。ご飯を食べ終えた後も、雨は夜中降り続きました。「寒いなあ」と思いながら寝袋にくるまったのを思い出します。

〈コメント欄より〉

「雨キャンプ大変でしたね（笑）。それでも仲睦まじいお二人が素敵です♡」

「今はコロナの影響でキャンプ出来ないので動画見て気分だけでもと思い、見させてもらってます。応援してます！」

「雨で残念でしたが、それはそれでまたいい思い出が出来ましたね。キャンプでおそ分けはあるあるなのでしょうが、我が家は人気のない所に行くので、ご飯が失敗したら『はい終わり〜』です（笑）」

忘れられないのは、お隣のテントの方に助けていただいたこと。この日は途中で何度か焚き火が消えかけ、明太高菜ご飯に失敗しちゃったんですね。お米がほとんど炊けていなかった。テンションが下がっていたところに、若いキャンパーさんが「ちょっと作りすぎちゃったんでどうぞ」って、ドリアを持ってきてくださった。やさしさに涙が出るほど嬉しかったです。

HINUMA
FUUUF

Chapter 8

失敗・トラブル・想定外・・・。
「じゃあ、どうしよっか？」

“うまくいかないことがあっても、大自然の中で、美味しいものを分け合って食べるだけでこんなに幸せなんだ”

そんな小さくて大きな幸せを、北海道の大自然が教えてくれた気がします。これからも、理想通り進まないこともあるかもしれない。でも、どんな状況になっても２人で楽しむ術を磨きながら今ある幸せを忘れずに乗り越えていきたいです。

01

私たちに必要なのは「夕陽と缶ビール」

「どうして2人はキャンプ中、トラブルが発生しても笑ってられるんですか?」

視聴者さんから、そう聞かれることがあるんです。トランクに入れたはずの道具が見つからなかったり、朝起きたらテントの中が水浸しになってたり。ひどいときには北海道の寒さを甘く見すぎて凍死しかけたり……。

私たち夫婦のキャンプはいつだって、大小さまざまな失敗続き。2人でYouTubeチャンネルをはじめて4年近くたった今も、そこはあんまり変わっていません。

「そういうときって、つい相手のミスを責めたくなったりしません?」

多くの場合、質問はこう続きます。

「せっかくのキャンプなのに、それで雰囲気が悪くなっちゃうんです」って。

海外で暮らしていた頃、たしかに私たちにもそういう時期があったんですよね。普段は意識してませんが、今、アクシデントも込みでキャンプを楽しめているのは、やっぱり夫婦で思いきりもがいた経験が大きいのかもしれません。憧れていたシドニーで何もかもがうまくいかず、お金も底をつきかけて、衝突を繰り返しました。あまりに忙しすぎて、心も体もすれ違いの毎日になり、のんびり会話する時間が減って、大事なものが見えなくなっていった。

転機は前にもお話ししたように、2人で話し合って、ゴールドコースト移住を決めたことだと思います。友人や知り合いからどう見られるかなんて関係ない。キラキラしたライフスタイルよりも、夫婦で缶ビールを飲

みながら夕陽を眺める時間の方がずっと大切。それがわかっただけでも、海外に飛び出して失敗を重ねた意味はあったのかなと。

考えてみれば、キャンプも同じですね。けんと一緒にきれいな景色を見て、自然の中でご飯を食べている時間がそもそも嬉しいんです。特に私たち夫婦の場合、キャンプをはじめたきっかけがコロナ禍の外出制限でしたので。余計にありがたさが身にしみました。

それに比べれば、ちょっとした忘れ物なんてどうってことはありません。むしろ「あんなに重たいキャンプ道具をぜんぶ車に積んでくれてるんだから、1つぐらい置いてきちゃうことあるよね」って普通に思える。キャンプ場の予約を1日間違えていたときもそう。互いにミスを責めるより、2人して「じゃあ、どうしよっか?」と考えること自体を楽しめます。確かめたことはありませんが、たぶん向こうも同じ感覚じゃないかな。

一緒に乗り越えたので、辛いことも楽しめた

　回り道って悪いことばかりじゃないんだなって、最近つくづく感じます。正直、けいとと僕は、もともとの性格も合っていたんだと思う。でも長く一緒に過ごしていると、相性の良さだけでは越えられない局面って出てきますよね。本当の意味で相手に感謝し、「この人あっての自分」と理解できたのは、やっぱり誰も助けてくれない海外で正直な気持ちをぶつけ合ったことが大きかった。オーストラリア時代の試行錯誤があったからこそ、2人で過ごす時間の価値がわかりました。うまくいかなかったこともぜんぶ含めて、今ではすべての経験に意味があったと思える。ありきたりな言い方だけど、辛かった出来事も丸ごと宝物なんです。

　けいとの言う通り、僕らにとってはキャンプ動画もその延長線なのかもしれません。大雨に降られても、氷点下でガタガタ震えても、ご飯がうまく炊けなくても、夫婦でいれば何だか楽しい。もちろん、大失敗して嫌になる瞬間もあります。

でもヘトヘトに疲れて家に着き、お風呂に入ってホッとした頃には、もう笑い話になっている。その顚末をYouTubeにアップして、思い出を視聴者さんと共有できたら、嬉しさはさらに倍増です。僕らのキャンプ動画には、見栄えのいいギアもあまり出てきません。参考になるノウハウも少ないし、特にドラマチックなシーンもない。そんな日常の映像を一緒になって楽しんでくださる視聴者さんには、もう感謝しかないですね。

感謝と言えば、もう1つ。僕たち夫婦の地元・北海道にも、改めてありがとうの気持ちを伝えなきゃいけないですよね。思いきって海外に飛び出したことで、僕らはその大自然の豊かさに目を向けることができた。ここでは少し車を走らせるだけで、びっくりするような絶景と出合えます。森林、草原、山、湖、海。あらゆる場所にキャンプ場があり、ビギナーから上級者まで自分に合った楽しみ方ができるんですね。お金もそんなにかかりません。何なら澄んだ空気を胸いっぱい吸い込み、広々とした景色を眺めるだけでもいい。森の中にコットを2つ並べ、寝そべって空を眺めるのが、僕たち夫婦には最高の贅沢。何かうまく行かないことがあるときも、焚き火しながら美味しいキャンプ飯を分け合い、翌朝テントの中で目を覚ました頃には、大抵の悩みは消えています。そんな「小さくて大きな幸せ」を、北海道の大自然が教えてくれた気がします。

02

けんと出会っていなかったら

今でもときどき、夢を見てるんじゃないかと思うことがあるんです。もしけんと出会ってなかったら、私の人生はまったく違うものになっていたと思う。安定した仕事を辞めて海外に出ることもなかったでしょうし。そこで失敗をたくさん重ねることも、その失敗を価値のある経験に変えることもなかったはず。どこかで「世間からこう見られたい自分」に囚われたまま、大事な一歩を踏み出せずにいた気がします。

それで言うとキャンプも、YouTubeチャンネルをはじめたことも、視聴者さんとの交流もぜんぶそう。私にとってはすべて、けんと一緒だったからできたことなんですね。1人でできないことも、2人ならできる。1人なら辛く感じることも、2人なら楽しめる。心からそう思える自分は、本当に幸運なんだなって感じます。

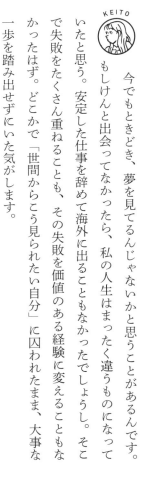

新しい夢もたくさんできました。まずYouTubeを通じて生まれた視聴者さんとの繋がりを、もっともっと深めていきたい。キャンプイベントもいいですし、**「居酒屋お景（けい）」**の実況配信版もやってみたい。ネットでもリアルの場でも、みなさんとどんどん面白いことを共有できればと考えています。

同時に、「自分たちの時間を楽しむ」という原点も決して忘れないようにしたいな。極端な話、「たくさん見てもらうために何かしなきゃいけない」というルーティンに陥るくらいなら、動画を撮る意味はないと思うんですね。当然の話ですが、人生はどんどん進んでいきます。例えばこの先、もし家

居酒屋お景

ヒヌマフウフが不定期で行っている居酒屋イベント。けいとがサプライズでけんの誕生日を自宅で居酒屋的にもてなした。その動画が人気となり、視聴者さんの熱いリクエストによってリアル開催に発展

族が増えたときには、生活スタイルも大きく変わりますよね。ヒヌマフウフがヒヌマカゾクになったとき、僕らのキャンプがどうなっているか。それは今のところわかりません。おそらく海外時代と同じで、思い描いた通りにいかない場面もたくさん出てくると思います。

でも正直、あまり心配はしていません。僕の隣には、けいとがいてくれるので。どんな状況になっても、夫婦で楽しむ術を磨きながら、今ある幸せを忘れずに乗り越えていきたい。そのときはきっと、2人で北海道の大自然を見ながら深呼吸をしている気がします。

2024年4月のある日

北海道の自慢
でございます

果《は》てしない大空《おおぞら》と大地《だいち》で目《め》が覚《さ》めたら悩《なや》みがぜんぶ吹《ふ》っ飛《と》んだ！
北海道《ほっかいどう》の大自然《だいしぜん》が教《おし》えてくれた
ふたりのキャンプライフ

2024年5月31日　初版発行

著　者　ヒヌマフウフ
発行者　山下直久
発　行　株式会社 KADOKAWA
〒102-8177　東京都千代田区富士見2-13-3
電話 0570-002-301（ナビダイヤル）
印刷所　図書印刷株式会社
製本所　図書印刷株式会社

●お問い合わせ
https://www.kadokawa.co.jp/（「お問い合わせ」へお進みください）
※内容によっては、お答えできない場合があります。
※サポートは日本国内のみとさせていただきます。
※ Japanese text only

定価はカバーに表示してあります。

ISBN 978-4-04-606868-2　C0077